어린이 지식사전

학림의
지식사전

2010년 12월 20일 2판 1쇄 인쇄 · 2013년 1월 25일 2판 3쇄 발행

펴낸이 **이용성** | 펴낸곳 **담터미디어** | 등록 제1996-1호(1996. 3. 5)
일러스트 **디 에이** | 구성 **지추모** (바른 지식을 추구하는 모임) | 편집 **전은경 김미애**
마케팅 **박기원 권극용 신동수 전병준** | 관리 **최진욱 홍진호 조병후**
주소 서울 중랑구 면목동 63-25 | 전화 02)436-7101 | 팩스 438-2141
ISBN 978-89-8492-373-7 (71400)

* 이 책의 저작권은 담터미디어에 있으므로 허락 없이 무단 전재와 복제를 금합니다.

담터미디어

머 리 말

"엄마, 저게 뭐야?"
"엄마, 이건 왜 이래?"
아이를 키우다 보면 이런 질문을 자주 받습니다. 아이가 묻는 질문이 아주 사소한 질문이면 엄마는 기쁘게 대답해 줄 수 있습니다. 그러나 엄마가 생각지도 못했던 의외의 엉뚱한 질문을 받을 때는 기쁘기는 한데 조금 당황스럽습니다. 어떻게 대답을 해 주어야 할지….

이럴 땐 똑똑한 우리 아이의 질문이 마냥 기쁘지만은 않습니다. 기억력이란 것은 시도때도 없이 장애를 일으켜 예전에 줄줄 외우고 있던 것도 갑자기 받은 질문에 대처하지 못할 때가 많기 때문입니다. 이제, 아이 앞에서 당황하지 않아도 됩니다. 저희 담터미디어에서 펴낸《어린이 지식 사전》은 세상에 대한 아이의 궁금증을 모두 풀어줄 수 있도록 알차게 꾸몄습니다.
동물과 곤충의 세계 / 식물의 세계 / 생활 속의 과학 이야기 / 지구·자연·우주의 신비 / 소중한 우리 몸에 대한 이야기까지 쉽고 재미있게 엮었습니다.

지금 아이의 기억력은 자신의 인생에 있어 그 어느 때보다 좋을 때입니다. 지금 이 시간, 아이가 알게 된 지식은 아이의 생생한 기억으로 가슴에 남아 인생의 지표가 될 것입니다.

깜찍한 캐릭터 그림으로 꾸민《어린이 지식 사전》을 통해 아이와 엄마가 지식이 쌓이는 즐거움을 누리게 될 것입니다.

이 책을 이끌 주인공들

별 박사
무엇이든 물어 보기만 하면 척척 대답해 주는
별 박사님. 밤하늘의 별처럼 많은 지식을 알고
있어서 일명 별 박사예요.

달식
모르는 것이 너무 많아 박사님을
귀찮게 하지요.
그렇지만 궁금한 것이 있으면
부끄러워하지 않고 언제든
당당하게 물어보는 용기있는 친구랍니다.

해순
세상에서 가장 잘난 줄 알아요.
달식이를 골탕먹이기도 하고
약을 올리기도 하지만
언제나 달식이와 함께 궁금증을
풀어나가는 예쁜 친구랍니다.

멍구
세 사람이 가는 곳이면 어디든
따라다니며 귀찮게 굴기도 하지만
세 사람의 가장 친한 친구이기도 합니다.

 차 례

 ## 동물·곤충의 세계·8

동물과 곤충에 대한 지식을 모두 모아 놓았어요.
개미는 어떻게 왔던 길을 다시 찾아 가는지,
달팽이가 지나 간 자리는 왜 은빛으로 빛나는지
우리 함께 지식의 세계로 여행을 떠날까요?

 ## 식물의 세계·86

식물에 대한 궁금한 점을 모두 모아 놓았어요.
선인장의 가시는 잎이라는데 정말일까?
무엇 때문에 선인장 잎은 가시로 변했을까?
여러분의 궁금증을 풀어 줄 식물의 세계로
출발!

생활 속의 과학 이야기 · 106
불쾌지수가 뭘까?
왜 불쾌지수가 높으면 짜증이 날까?
설탕에 소금을 넣으면 왜 단맛이 증가 할까?
생활 속에서 발견되는 궁금한 지식 이야기가
여러분을 기다리고 있답니다.

지구·자연·우주의 신비 · 200
바람은 왜 불까?
지구가 도는 것을 우리는 왜 느끼지 못할까?
지구·자연·우주에 대한 지식이 풍성하게
들어 있답니다.

인체의 신비 · 266
감기에 걸리면 왜 콧물이 날까?
콧물의 정체는 뭘까?
추울 때 왜 입김이 하얗게 보일까?
인체에 대한 궁금한 점을 모두 모아 놓았어요.
이 책을 읽고 나면 아하, 그렇구나 하고 깨닫게 됩니다.

동물 · 곤충의 세계
동물과 곤충에 대한 신비로운 지식 이야기

질문

1 모기는 왜 피를 빨아먹을까? · 12
2 달팽이가 기어간 자리는 왜 은빛으로 빛날까? · 14
3 앵무새가 어떻게 말을 할 수 있을까? · 16
4 캥거루는 배에 달린 주머니에 왜 새끼를 넣고 다닐까? · 18
5 금방 받은 수돗물로 어항 물을 갈면 왜 안 될까? · 20

질문

6 새우나 게가 물고기보다 물 밖에서 어떻게 오래 살까? · 22
7 낙타는 물을 먹지 않고 사막에서 어떻게 견딜까? · 24
8 토끼는 왜 깡충깡충 뛰어다닐까? · 26
9 하마는 왜 물 속에만 들어앉아 있을까? · 28
10 물고기에게 비늘이 없다면 어떻게 될까? · 30

질문

11 개가 혀를 내밀고 침을 흘리는 이유는? · 32
12 고양이는 어떻게 똑같은 곳에서 오줌이나 똥을 쌀까? · 34
13 소는 붉은 색을 정말 싫어할까? · 36
14 방울뱀은 왜 소리를 낼까? · 38
15 잠자리 눈은 수만 개나 되는 작은 눈들이 모인 것이라는데 정말일까? · 40

16 고양이가 앞발로 자꾸 얼굴을 씻는 이유는? · 42

17 개 코는 왜 항상 젖어 있을까? · 44

18 파리는 왜 앞발을 비빌까? · 46

19 개가 사람을 자주 핥는 것은 왜 그럴까? · 48

20 코끼리 코는 처음부터 길었을까? · 50

21 토끼 귀는 왜 길까? · 52

22 개미는 왔던 길을 어떻게 다시 다시 찾아 갈까? · 54

23 최초의 생명은 무엇이고 그것들은 무엇을 먹고 살았을까? · 56

24 오래된 달걀이 물 속에서 뜨는 이유는? · 58

25 거미의 거미줄은 어디서 나오는 걸까? · 60

26 병아리는 어떻게 알을 깨고 나올까? · 62

질문

27 물 속에 있는 오리는 왜 물에 젖지 않을까? · 64

28 타조는 왜 모래 속에 머리를 감출까? · 66

29 개구리는 하루 중에 언제 활동을 많이 할까? · 68

30 나비와 나방은 어떻게 다를까? · 70

31 돼지가 진흙 속을 잘 뒹구는 이유는? · 72

질문

32 하루만 산다고 하루살이 일까? · 74

33 뱀은 왜 먹이를 통째로 삼킬까? · 76

34 비가 오면 곤충들은 어디로 갈까? · 78

35 곤충은 어떻게 숨을 쉴까? · 80

36 연어는 태어난 곳을 어떻게 찾아갈까? · 82

37 철새는 왜 이동을 할까? · 84

 1

모기는 왜 피를 빨아먹을까?

장구벌레
모기의 유충. 몸길이 4~7mm, 갈색, 흑색 여름에 물 속에서 부화 → 번데기 → 모기가 됨.

알을 낳기 위해 피를 먹어야 해

모기는 보통 풀이나 과일즙을 빨아먹고 살아요. 그런데 암컷은 피를 먹지 않으면 알을 낳을 수 없어요. 모기는 알을 낳기 위해 짐승의 피든 사람의 피든 빨아먹는다는 얘기예요.

암컷 모기는 피를 빤 다음 1주일만에 물 속이나 습기가 많은 곳에 200개쯤 알을 낳아요. 그 알이 바로 장구벌레예요.

모기는 땀 냄새, 발 냄새, 암모니아 냄새, 즉 지저분한 것을 좋아하고, 따뜻한 체온도 아주 좋아해요. 우리가 모기에 물리지 않으려면 깨끗하게 몸을 씻는 것이 좋아요.

달팽이가 기어간 자리는 왜 은빛으로 빛날까?

달팽이
머리에 두 쌍의 더듬이가 있는데, 한 쌍의 끝에는 빛을 알아내는 눈이 있음. 밤이나 습기가 많은 것을 좋아함. 이끼를 갉아 먹거나 나무나 풀 위에 기어올라가 어린잎 등을 먹음.

풀리는 궁금증

달팽이 발에서 끈끈한 액체가

동물·곤충

 달팽이는 집을 짊어지고 평생을 산대요.

 걸음이 느려 집을 한번 나왔다가 돌아가려면 아주 힘들기 때문에 집을 짊어지고 다니게 되었대요.

 달팽이 발은 마술사 발이에요. 왜냐하면 면도날 위를 마음대로 기어 다닐 수가 있고 아무리 가파른 곳을 기어가도 떨어지지 않아요. 이것은 달팽이 발에 있는 **가느다란 주름과 끈끈한 액체** 때문이에요. 끈끈한 액체가 날카로운 면도날을 감싸기 때문에 베이지 않는 거죠. 달팽이가 기어간 자국이 은빛으로 보이는 것도 이 액체 때문이에요.

앵무새가 어떻게 말을 할 수 있을까?

앵무새
머리에는 모관이 있고 꼬리가 짧음. 부리는 검고 굵으며 끝이 굽어 있음. 과일이나 풀씨를 먹으며, 사람이나 다른 동물의 소리를 잘 흉내냄.

부드러운 혀만 있다면

앵무새와 구관조 같은 새들은 사람의 말을 잘 따라서 할 수 있어요. 이들이 흉내를 잘 내는 것은 신체적인 구조 때문이에요.

이 새들은 자유롭게 움직일 수 있는 부드러운 혀를 가지고 있답니다. 울음소리가 낮으면서도 굵어 사람과 발음이 비슷해요. 따라서 말을 흉내 내기 쉽고, 기억력도 좋아서 곧잘 사람의 목소리를 흉내 내는 것이에요. 하지만 그냥 내버려두어도 흉내를 낼 수 있는 것은 아니에요.

여러 가지 흉내를 내게 하려면 꾸준히 훈련을 시켜야 해요.

4

캥거루는 배에 달린 주머니에 왜 새끼를 넣고 다닐까?

육아낭
아이를 키우는 자루.

주머니 속에서 자란다고?

갓 태어난 새끼캥거루는 엄지손가락만해요. 아직 털도 나지 않았으며 신체의 모든 부분이 미숙한 상태예요. 다행히 앞발이 발달되어 엄마 배에 달린 주머니 속으로 기어올라가 젖꼭지를 물고 자라게 되지요.

그 속에서 털도 나고 눈도 커지고 몸도 자라는 거예요. 새끼 캥거루는 여섯 달 정도 주머니 속에서 생활하다 몸이 커져 더 이상 아기주머니에 있을 수 없게 되면 엄마랑 떨어져 살아간답니다.

캥거루처럼 아기주머니가 있는 동물들을 유대류라고 하는데 주로 오스트레일리아에서 서식한답니다.

금방 받은 수돗물로 어항 물을 갈면 왜 안 될까?

변온동물
외부의 온도에 맞게 체온이 변하는 동물.
무척추 동물(등뼈가 없는 동물) 및 어류, 양서류, 파충류 등.

온도 변화와 염소라는 약품 때문이래

금방 받아 낸 수돗물로 어항 물을 갈아주면 금붕어는 정말 위험해요. 금붕어가 죽을 수도 있어요. 금붕어는 변온동물(냉혈동물)이라 바깥 기온에 따라 수시로 체온이 변한답니다. 즉 금붕어는 어항 속의 물 온도와 같은 체온으로 살고 있답니다.

그런데 갑자기 찬 수돗물을 넣으면 온도 변화로 정말 위험하겠죠? 또한 수돗물을 살균하기 위한 염소라는 화학 약품 때문에 금방 받아 낸 수돗물은 안 돼요.

수돗물로 어항 물을 갈아 주려면 하루 정도 받아두었다가 갈아 주어야 금붕어가 안전하답니다.

새우나 게가 물고기보다 물 밖에서 어떻게 오래 살까?

게
몸은 납작하며 둥글거나 세모난 등딱지로 덮여 있음. 몸의 양옆으로 각각 다섯 개의 발이 있는데 첫째 발은 집게발로 되어 있고, 딱지 안으로 움츠릴 수 있는 겹눈이 있음. 물속에 살며 옆으로 김.

발에 물을 머금고 있어서….

 바닷가에 가면 게를 많이 볼 수 있어요. 바다를 막아 놓은 돌틈이나, 물이 한 방울도 없는 둑방에서 자유롭게 돌아다니는 게들이 신기하기까지 하죠.

 물고기를 물에서 꺼내 놓으면 금방 죽어버리지만, 새우나 게는 꽤 오랫동안 살 수 있어요. 그것은 게나 새우도 아가미로 숨을 쉬는데 아가미가 발에 있기 때문이에요. 발이 부풀어 있는 부분에 물을 머금고 있는데, 잘 마르지 않아 2~3일은 물이 없는 곳에서도 거뜬히 살 수 있어요.

낙타는 물을 먹지 않고 사막에서 어떻게 견딜까?

낙타
콧구멍을 자유로이 여닫을 수 있다거나 속눈썹이 길고 빽빽이 나 있어 사막의 모래바람에도 잘 적응함. 초식성이며 온순하고 힘이 세어 운반용으로 많이 이용됨.

혹 속에 먹을 것이?

낙타는 사막의 교통수단이에요. 그래서 사막의 배로 불리워지고 있어요. 낙타는 등에 혹이 1개인 단봉낙타와 2개인 쌍봉낙타가 있어요. 이 혹은 지방 덩어리예요.

아무 것도 먹지 않은 상태로 여행을 계속하면 혹은 점점 작아져요. 혹 속에 들어 있는 지방을 양식으로 삼고 있어서예요.

낙타가 한 달 정도 물을 마시지 않고 견딜 수 있는 것도 기온에 맞추어 체온을 스스로 조절할 수 있기 때문이에요. 또 한번 물을 마시면 120리터(1.8 l 생수통이 약 67통)나 마신다고 해요.

 8

토끼는 왜 깡충깡충 뛰어다닐까?

토끼
귀는 길고 크며 윗입술은 갈라져 있고 긴 수염이 있음. 뒷다리는 앞다리보다 훨씬 발달되어서 잘 뛰어다님. 번식력이 강하고 눈이 빨감.

앞발보다 뒷발이 길어서

토끼는 걸음이 아주 서툴러요.

토끼가 뛰지 않고 걷는다면 기우뚱기우뚱 목발을 짚고 걷는 것처럼 보일 거예요.

다른 동물은 앞발을 내딛는 폭과 뒷발을 내딛는 폭이 같은데, 토끼는 그렇게 걷지 못해요. 왜냐하면 앞발에 비해 뒷발이 훨씬 길기 때문이에요.

긴 뒷발을 이용한 걸음걸이는 점프를 하는 것처럼 보여요. 그래서 토끼는 깡충깡충 뛰어다니는 것이랍니다..

하마는 왜 물 속에만 들어앉아 있을까?

하마
육지에 사는 짐승 가운데서 코끼리 다음으로 큼. 몸길이 4~5m, 키는 1.5m가량. 넓죽한 입이 매우 크고 몸통이 둥글며 다리가 짧음. 아프리카 원산의 초식 동물로, 호수나 늪 같은 곳에 무리지어 삶.

비오는 날이 더 좋아요

하마는 아프리카에 사는 대표적인 동물로 주로 물이 있는 곳에서 무리지어 살아요. 하마가 물 속에만 들어앉아 있는 것은 피부가 다른 동물에 비해 얇기 때문이에요.

오랫동안 밖에 나와 있으면 몸 속의 수분을 빼앗겨 고통스러워하다 결국 죽을 수도 있어요.

그래서 하마는 햇빛이 내리쬐는 낮에는 주로 물 속에서 생활하다 해가 지면 땅으로 올라와 풀을 뜯어먹어요.

하마는 화창한 날보다 비오는 날을 더 좋아 하겠죠?

물고기에게 비늘이 없다면 어떻게 될까?

물고기
물에서 살며, 아가미와 지느러미가 있는 척추동물을 통틀어 이르는 말.

비늘로 몸을 보호한대요

물고기는 대부분 비늘을 갖고 있어요. 잉어처럼 비늘이 잘 벗겨지지 않는 물고기도 있고, 정어리처럼 쉽게 벗겨지는 물고기도 있어요. 큰 물고기에게 잘 먹히는 물고기가 비늘이 쉽게 벗겨지는 것은 자신을 보호하기 위해서예요. 왜냐하면 위급한 상황에 비늘을 벗어버리고 달아날 수 있기 때문이에요.

딱딱한 비늘을 갖고 있는 복어는 강한 이빨을 가지고 있는 물고기도 함부로 잡아먹지 못해요. 이렇듯 물고기 비늘은 스스로를 지키는 무기이자 보호막이에요.

개가 혀를 내밀고 침을 흘리는 이유는?

개
사람을 잘 따라 예부터 가축으로 기름. 용맹스럽고 영리하며 냄새를 잘 맡고 귀가 밝아 집을 지키는 경비용·사냥용·수색용·목양용·애완용 등이 있음.

체온 조절 중…

땀은 체온을 조절하는 기능을 해요.

우리도 날씨가 덥거나 운동을 했을 때 땀을 많이 흘리죠? 우리가 땀을 흘리는 것은 몸에 땀샘이 있어서예요.

그런데 개는 땀샘이 적기 때문에 아무리 더워도 땀을 흘릴 수 없대요. 그래서 숨쉴 때 열을 밖으로 내보내는 수밖에 없어요.

더운 여름 날 개가 혀를 축 늘어뜨리고 있는 것은 몸 속에 있는 열을 밖으로 내보내고 체온이 오르는 것을 막기 위해서예요.

고양이는 어떻게 똑같은 곳에서 오줌이나 똥을 쌀까?

고양이
뒷발이 길고 균형감각이 뛰어나 뛰어오르거나 사뿐히 내려앉기를 잘 함. 눈동자가 낮에는 작아지고 밤에는 커지므로 어두운 곳에서도 물체를 잘 볼 수 있음. 흔히, 애완용으로 기르지만 야생고양이도 많음.

자기 오줌 냄새를 맡고 싸는 습성

새끼 고양이는 어미 고양이가 똥과 오줌을 핥아서 처리 하지만 무엇인가를 먹기 시작하면 자기 혼자서 해결하므로 화장실을 정해 주는 것이 좋아요.

고양이는 자기 오줌 냄새가 남아 있는 곳에 가서 오줌을 싸는 습성이 있답니다.

고양이가 싼 오줌을 종이에 묻혀 화장실로 정한 장소에 넣어 두세요. 그러면 다음에 오줌을 쌀 때는 자신의 오줌 냄새가 나는 곳에서 싸게 된답니다. 똥도 마찬가지로 자기 똥 냄새를 맡고 싸던 곳에서 해결 한답니다.

13

소는 붉은 색을 정말 싫어할까?

투우
소싸움을 붙이는 경기, 또는 그 경기에 나오는 소를 말함.

흥분한 것은 구경꾼이야

투우장의 투우사가 붉은 깃발을 들고 서 있어요. 성난 황소는 투우사를 노려 보고 있을뿐 움직이지 않아요. 드디어 투우사가 붉은 깃발을 휘두르기 시작하면 소는 붉은 깃발을 향해 돌진해요. 소가 붉은색을 보고 날뛰는 것일까요? 그렇지 않아요. 개가 색깔을 구별하지 못하듯 소도 색깔을 구별하지 못해요. 그렇다면 소가 왜 흥분해 날뛸까요? 그것은 색깔에 관계없이 흔드는 헝겊에 위협을 느껴서 날뛴다고 합니다. 거기다 구경꾼의 함성 소리도 한몫 하겠지요? 붉은 깃발을 보고 흥분하는 것은 소가 아니라 오히려 구경꾼이에요.

방울뱀은 왜 소리를 낼까?

방울뱀
살무삿과의 독사. 몸길이 2m가량. 몸빛은 황녹색이며 등에는 암갈색의 마름모꼴 연속 무늬가 있음. 꼬리 끝에 방울 모양의 각질이 있어 위험을 당하면 흔들어 소리를 냄. 북아메리카의 사막 지대에 주로 분포함.

꼬리에 있는 마디에서 소리가?

 방울뱀은 방울 소리를 내면서 기어다니는 무서운 뱀이에요. 한번 물리면 죽을 수밖에 없는 강한 독을 품고 있어요.

 방울뱀 꼬리 끝에는 여러 개의 단단한 마디가 서로 연결되어 있고, 이 마디들은 속이 비어 있어서 약간만 움직여도 서로 마찰되어 갈갈, 슈슈 하는 소리가 나는 거예요.

 방울뱀이 이런 소리를 내게 된 것은, 아메리카에 함께 서식하는 코뿔소와 같은 동물을 놀라게 하여 자신이 밟히지 않고 살아남기 위한 방법이랍니다.

15

잠자리 눈은 수만 개나 되는 작은 눈들이 모인 것이라는데 정말일까?

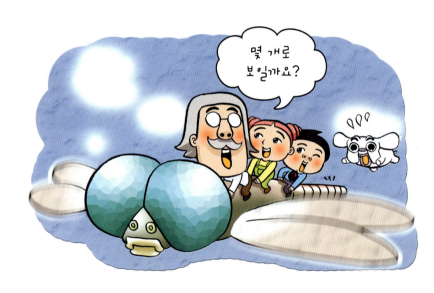

잠자리
머리에는 큰 겹눈이 한 쌍 있고, 날카롭고 큰 턱을 가졌음. 가슴에는 세 쌍의 다리와 두 쌍의 날개가 있음. 날개는 투명하고, 그물 모양의 맥이 있고 멀리까지 빨리 날 수 있음. 배는 가늘고 길며 10개의 마디로 되어 있고 불완전 변태를 하며 벌레를 잡아먹음.

하나하나의 눈을 개안이라고

잠자리는 날아다니는 벌레를 잡는 선수예요. 날기도 잘하고 먹이를 발견하면 잽싸게 나꿔채는 기술이 뛰어나기 때문이죠.

잠자리 머리에서 제일 눈에 띄는 것은 큰 눈인데 머리를 거의 차지하고 있지요?

잠자리 눈 안에는 그물처럼 생긴 망이 가득 들어 있는데 이것 하나하나가 눈이에요. 이 하나하나의 눈을 개안이라고 부릅니다. 개안의 수는 1만에서 2만개 정도랍니다.

고양이가 앞발로 자꾸 얼굴을 씻는 이유는?

고양이 목에 방울 달기
'실행하기가 매우 어려운 일을 부질없이 의논함'을 이르는 말.

고양이는 깔끔쟁이

고양이는 세수 하는 것을 아주 좋아해요.

고양이가 앞발로 자꾸 얼굴을 비비는 것은 깨끗한 것을 좋아하기 때문이에요.

그것은 얼굴에 돋아나 있는 수염에 붙은 더러운 먼지를 없애기 위한 행동이랍니다. 수염에 먼지가 묻으면 느낌이 둔해져 쥐를 빨리 잡을 수가 없기 때문이죠.

시간이 날 때마다 얼굴을 비벼서 수염에 붙어 있는 더러운 것을 털어 내는 것은 감각을 잃지 않으려는 고양이의 노력이에요.

고양이가 앞발로 얼굴을 부비는 것을 보고 고양이 세수 한다고 그러죠.

개 코는 왜 항상 젖어 있을까?

개 같이 벌어서 정승같이 산다
돈을 벌 때는 궂은일을 가리지 않고 벌고, 번 돈을 쓸 때는 보람 있게 쓴다는 말

젖은 코가 냄새를 잘 맡아요.

동물들은 대체적으로 냄새를 잘 맡아요.

쥐는 고양이가 근처에 있다는 것을 냄새로 알아낸다고 해요. 또 사슴처럼 약한 동물도 냄새로 적이 오는지 알아차려요.

개는 특히 후각이 발달되어 있어요. 코 부분이 항상 젖어 있는 것은 냄새를 잘 맡기 위함이에요.

냄새를 잘 맡는 개는 훈련을 받고 경찰을 돕기도 해요. 마약을 찾아내거나 범인을 쫓거나 또 위험에 처한 사람을 구해 내기도 한답니다.

경찰견은 범인의 냄새를 맡고 나서 범인의 뒤를 쫓는 것이랍니다.

파리는 왜 앞발을 비빌까?

파리
한 쌍의 앞날개와 관상의 주둥이가 있음. 발육은 완전 변태.
주로 더러운 곳에서 생겨나고 서식하기 때문에 전염병을 옮겨 해를 끼침.

풀리는 궁금증

앞발 끝으로 음식 맛을 본다고?

파리를 보면 늘 앞발을 모아서 비비거나 뒷발로 날개를 비비고 있어요. 음식물을 보면 앞발로 살짝 만져 보고 나서 입을 대는데, 이것은 앞발 끝에 맛을 아는 기관이 있기 때문이에요.

파리가 천장에 거꾸로 붙어 있거나, 벽에 붙어 떨어지지 않는 것은 발톱 사이에서 끈끈한 액체가 나오기 때문이에요. 끈끈한 액체가 말라버리면 그 기능을 할 수 없기 때문에 발을 비벼서 먼지를 털어 내는 것이랍니다.

개가 사람을 자주 핥는 것은 왜 그럴까?

'개가 웃을 일이다'
말 같지도 않은 같잖은 일이다.

개 혀의 역할

 외출해 돌아오면 집에서 기르던 멍구가 득달같이 달려나와 해순이 얼굴을 혀로 핥습니다. 멍구 나름대로 반갑다는 표현이지요.
 멍구는 반가워서 해순이를 혀로 핥지만 해순이는 썩 좋지만은 않습니다. 멍구의 혀에 묻은 침이 싫기 때문입니다. 해순이가 손사래를 쳐도 멍구는 해순이를 좇아 다니며 혀로 여기저기를 핥습니다.
 개가 **뼈를 핥거나, 사람 몸을 핥는 것은 개의 습성 중의 하나입니다.**
 또 혀로 입 속을 청소하거나 입 끝에 붙어 있는 음식을 없애기도 하고 털을 깨끗이 닦아 멋을 내기도 한답니다.

코끼리 코는 처음부터 길었을까?

코끼리
육지에 사는 동물 가운데서 가장 큰 동물 어깨 높이 3.5m가량이고 몸무게는 5~7톤에 이름. 피부는 흑회색으로 매우 두꺼우며 원통형의 코가 길게 늘어져 있음. 상아는 윗잇몸에서 돋아난 앞니인데 일생 동안 자람. 초식 동물로 삼림이나 초원에서 무리를 지어 살아감.

풀리는 궁금증

코끼리 코가 짧다면 돼지코 같을 걸

동물·곤충

코끼리 코는 작은 구슬을 주워 올릴 수 있을 정도로 섬세해요. 반면에 1톤의 무게의 목재도 거뜬히 들어올릴 수 있어요.

어미 코끼리는 새끼 코끼리를 코로 안아서 옮기기도 해요. 코끼리 코가 이처럼 자유롭게 움직일 수 있는 것은, 4만 점 이상이나 되는 미세한 근육으로 이루어져 있기 때문이에요.

코끼리 화석을 연구한 자료에 의하면 최초의 코끼리 코는 지금처럼 길지 않았대요.

어떤 학설에는 코를 손의 대용으로 사용하기 위해 차츰 길어졌다는 내용도 있어요.

21

토끼 귀는 왜 길까?

놀란 토끼 벼랑 바위 쳐다보듯
급한 상황에서 헤어날 길이 없어 말도 못한 채 눈만 껌벅이고 있는 모습을 이르는 말.

귀가 기다랗고 크지만 귀여워

　토끼는 아주 약한 동물이에요. 강한 이빨도, 고약한 냄새를 내뿜을 능력도 없어요. 적의 습격을 받으면 그저 죽어라 도망칠 수밖에 없는 몸이에요. 토끼는 적의 습격에 대비해 항상 눈이나 귀를 움직여 경계를 게을리 하지 않아요.

　토끼가 크고 잘 움직이는 귀를 가지고 있는 것은 자기 방어를 위해서예요. 소리를 통해 적이 오는지를 알아내는 것이죠. 토끼가 지금까지 살아남아 종족 보존을 할 수 있는 것은 예민한 귀 덕분일 거예요.

개미는 왔던 길을 어떻게 다시 찾아 갈까?

개미
몸길이 1mm인 작은 것에서부터 13mm 이상인 것 등 종류가 많음. 몸빛은 검거나 갈색이고, 머리·가슴·배로 구분되며, 허리가 잘록함. 여왕개미를 중심으로 질서 있는 집단적 사회생활을 이루며, 땅 또는 썩은 나무 속에 삶.

풀리는 궁금증

개미 몸에서 냄새가 난다고?

개미는 눈이 잘 보이지 않는대요.

대개의 곤충들은 집을 만들지 않고 여기저기 떠돌아다니며 살지만 벌과 흰개미는 집을 만들어 살고 사회생활을 하고 있어요. 밖에서 열심히 먹이를 구해 집으로 돌아와 생활하는 것이죠.

눈이 잘 보이지 않은 개미가 어떻게 집을 다시 찾아 올까요?

개미가 갔던 길을 다시 돌아올 수 있는 것은 자신의 몸 냄새를 맡기 때문이에요. 이 냄새가 바로 페로몬 향기예요.

최초의 생명은 무엇이고 그것들은 무엇을 먹고 살았을까?

세균
식물에 속하는 미세한 단세포 생물을 두루 이르는 말. 땅속, 물 속, 공기 속, 생물체 속 등에 널리 분포하여 종류가 많음. 다른 것에 기생하여 발효나 부패를 일으키고, 병원균이 되는 것도 있음. 박테리아 =균.

자신의 몸을 먹고 살았다고?

지구에 맨 처음 등장한 생명은 35억 년 전에 태어난 박테리아(세균)예요.

최초의 박테리아는 단 한 개의 세포로 아주 단순한 원시적인 생물이었어요. 그때는 박테리아 외에 어떤 생물도 없었기 때문에 박테리아는 자신의 몸을 양식으로 삼아 먹고 살았어요.

현재 우리 몸 속의 있는 박테리아는 갖가지로 분화되어 복잡해지고 그 성분을 알 수 없는 세균들이 아주 많아요. 어떤 약을 써도 잘 듣지 않은 저항성을 가지고 있거나 변종 박테리아가 많아 우리의 생명을 위협한답니다.

오래된 달걀이 물 속에서 뜨는 이유는?

달걀
닭이 낳은 알. 계란.

달걀에 공기집이 있다네요

달걀은 암탉의 몸에서 나오면서부터 조금씩 상해가고 있어요. 달걀 껍질은 단단한 석회질로 되어 있는데 이곳에는 무수히 많은 구멍이 뚫려 있어요. 사람의 눈으로는 보이지 않을 정도의 작은 구멍으로 수분이 조금씩 빠져 나오고 대신 공기가 들어가서 공기집이 생기게 돼요. 삶은 달걀 껍질을 벗겨보면 둥근 부분이 움푹 들어간 곳이 공기집이에요. 막 낳은 달걀은 공기집이 없어 물에 넣으면 가라앉고, 오래된 달걀은 공기집이 커져 물에서 둥둥 뜨는 것이에요.

 25

거미의 거미줄은 어디서 나오는 걸까?

거미
몸길이 5~15mm. 머리와 가슴은 한몸이나, 잘록하게 경계를 이루고 있음. 가슴에는 양옆으로 각각 4개의 긴 다리가 붙어 있으며, 몸빛은 검음. 배의 밑면에 있는 두세 쌍의 방적 돌기에서 실을 뽑아 그물을 치고, 그 그물에 걸리는 곤충을 잡아먹고 삶.

항문에서 거미줄이 나온다고?

거미가 집을 지을 때 가만히 보면 엉덩이에서 거미줄이 술술 나오는 걸 볼 수 있어요. 그럼 거미줄은 항문에서 나오는 걸까요? 아니에요.

엉덩이라고 해도 항문이 아니고 항문 옆에 실을 내보내는 방적 돌기라는 곳에서 나오는 거예요.

이 방적 돌기는 거미의 종류에 따라 그 수가 다르지만 대개는 세 쌍씩 여섯 개로, 그 안에는 수만 개에 달하는 실을 내보내는 구멍이 있어요. 이 구멍을 통해 끈적한 액체가 밖으로 나와 공기와 접촉하면 거미줄이 되는 거예요.

병아리는 어떻게 알을 깨고 나올까?

바위에 달걀 부딪치기
아무리 해도 승산이 없는 부질없는 짓을 한다는 말.

뿔같이 나 있는 난치로 알을 깬다구?

 어미닭이 알을 품은 지 21일 만에 병아리는 알을 깨고 세상에 모습을 드러내요.

 병아리는 알 속에서 19일이 되면 숨을 쉬고 삐악삐악거려요. 병아리가 울 수 있다는 것은 허파로 숨을 쉴 수 있다는 뜻이에요. 이렇게 숨을 쉬고 있다 21일째가 되면 위쪽 부리 끝에 뿔같이 나 있는 난치로 스스로 알을 깨고 밖으로 나옵니다.

 알을 깨고 나온 병아리는 종종 걸음으로 마당을 걸어 다니며 세상 구경을 한답니다. 걷다 지루하면 작은 날갯죽지를 활짝 펴서 기지개를 켜기도 하지요.

27

물 속에 있는 오리는
왜 물에 젖지 않을까?

오리는 물 위에서 사는 것이 익숙하거든.

오리
부리는 길고 넓적하며 낮에는 물에 떠서 삶. 뒤뚱뒤뚱 걸음.

유선에서 기름이 나와

물 위에 둥둥 떠서 수영을 하던 오리가 밖으로 나왔어요. 그런데 몸이 하나도 젖어 있지 않는 거예요. 왜 그럴까요? 그것은 오리 꼬리 근처에 기름이 나오는 유선이 있어서 그래요. 오리가 헤엄을 치거나 비를 맞게 되면 이 유선에서 기름이 나온대요. 오리는 부리로 그 기름을 온몸에 발라 물이 깃털로 스며드는 것을 막는 거래요.

오리발은 신경도 혈관도 없어요. 그래서 찬물 속에 오랫동안 있어도 발이 시리거나 피곤하지 않답니다.

타조는 왜 모래 속에 머리를 감출까?

타조
현생 조류 가운데 가장 큼. 머리는 작고 눈이 크며, 다리와 목이 길고 발가락은 두 개임. 날개는 퇴화하여 날지 못하지만, 시속 90km로 달릴 수 있음. 수컷은 흑색, 암컷은 회갈색임. 사막이나 황무지에 살며, 모래 속에 알을 낳아 뜨거운 모래의 온도로 부화함.

모래를 먹는 거라구

타조가 모래 속에 머리는 숨기는 것은 적이 무서워서가 아니예요.

타조는 적군이 나타나면 일단 긴 목을 땅에 바싹 붙인 채 움직이는 사물을 꼼짝하지 않고 노려보는 버릇이 있어요. 타조의 이런 행동을 사람들이 보기에는 무서워서 땅 속에 머리만 파묻고 있는 바보로 보였을 거예요.

그러나 실제로 타조가 모래 속에 머리를 파묻는 경우는 모래를 먹기 위해서래요.

모래는 음식물을 잘게 부숴서 소화를 돕는 역할을 하거든요.

개구리는 하루 중에 언제 활동을 많이 할까?

개구리 올챙이 적 생각 못한다
지난날의 미천하거나 어렵던 때의 일을 생각지 않고 행동하는 경우를 경계하여 이르는 말.

풀리는 궁금증

개구리가 좋아하는 시간은 저녁

봄날 저녁때 들판에 나가 보면 들판이 떠나가도록 울어대는 개구리 합창을 들을 수 있어요. 이렇게 개구리가 울어대는 것은 부지런히 움직이고 있다는 뜻이에요.

개구리는 몸이 축축하게 젖어 있는 것을 좋아해요. 허파가 발달되어 있지 않아 피부로 숨을 쉬어야 하거든요.

개구리 몸에 습기가 없다면 호흡곤란을 겪고 있다는 의미에요. 습기가 없으면 숨을 쉴 수 없거든요. 그래서 한낮에는 행동이 둔해져요.

개구리가 좋아하는 시간은 해가 진 저녁때랍니다.

나비와 나방은 어떻게 다를까?

나비
나방보다 작으며, 머리에는 끝이 부푼 한 쌍의 더듬이와 두 개의 겹눈이 있음. 몸은 가늘고 둥글며, 날개는 넓적하고 앉을 때는 날개를 세움. 몸이 털 또는 인분으로 덮여 있고, 낮에만 밖으로 나와 꽃의 꿀이나 수액을 빨아 먹음.

낮과 밤의 아름다움

　나비와 나방은 서로 많이 닮았어요. 그러나 우리에게 사랑을 받고 관심을 끄는 것은 꽃잎 위를 팔랑팔랑 날아다니는 나비지요.
　나비는 날개가 아름답고 화려하며 낮에 활동해요. 몸은 원통형으로 날씬하고 예쁘기까지 하지요.
　나방은 몸통이 뭉툭하고 날개가 작아요. 날개 색깔도 거의 한 가지 색으로 회색빛이에요. 밤에 주로 활동하는 나방은 빛을 향해 뛰어들다 타 죽는 경우도 많답니다.

돼지가 진흙 속을 잘 뒹구는 이유는?

돼지
다리와 꼬리가 짧고 뻐죽함. 잡식성으로 한 배에 4~12마리의 새끼를 낳는 식용 가축.

돼지는 더위를 싫어해

 돼지는 유난히 진흙밭에서 뒹구는 것을 좋아해요. 진흙 속에서 뒹구는 돼지를 보고 사람들은 더럽고 게으른 동물이라고 말하지만, 알고 보면 돼지는 집에서 기르는 다른 어떤 가축보다 깨끗하고 똑똑한 동물이에요.

 돼지는 더위를 싫어해요. 더위를 식히기 위해 진흙 속을 뒹구는 것이에요. 진흙을 뒤집어쓰면 햇빛으로부터 피부도 보호하고 벌레가 무는 것도 막아 주거든요.

32

하루만 산다고 하루살이일까?

하루살이
생김새는 잠자리와 비슷하나 날개와 몸이 매우 작음. 유충은 물 속에서
여러 해를 지내다가 성충으로 탈바꿈해서는 여름철 저녁에 떼 지어 날아다님.

짝짓기를 할 때까지 살아야 해

하루살이 이름은 하루만 산다고 그렇게 붙여졌을까요? 그렇지 않아요. 하루살이는 결혼을 하고 난 뒤 하루도 못 살고 죽는다고 해서 붙여진 이름이에요. 알에서 깨어난 후 물 속에서 2년 동안 살던 애벌레가 자라서 하루살이가 되는 것이죠. 다 자란 하루살이는 무리를 지어 날면서 짝짓기를 하는데 수컷은 짝짓기를 한 후 바로 땅에 떨어져 죽고, 암컷은 물에 알을 낳은 뒤 죽는다고 해요. 실제로 하루살이는 딱 하루만 사는 것이 아니고 짝짓기를 하기 전까지 평균 2~3일 정도 살 수 있대요.

뱀은 왜 먹이를 통째로 삼킬까?

뱀
몸은 가늘고 길며 온통 비늘로 덮였음. 다리·눈꺼풀·귓구멍 등이 없고, 혀가 길며 끝이 둘로 갈라졌음. 대부분 난생하며 변온 동물임.

나에게 이가 필요해

뱀은 이빨은 있지만 먹이를 씹어 먹을 수 있는 기능은 하지 못해요.

그래서 먹이를 통째로 삼킬 수밖에 없지요. 하지만 아래턱, 위턱이 직접 닿아 있지 않고 아래턱 가운데 탄력이 좋은 인대가 있어서 입을 크게 벌릴 수 있어요.

가슴뼈도 없고 식도에는 주름이 많이 잡혀 있어서 피부가 잘 늘어나기 때문에 큰 먹이도 통째로 삼킬 수 있어요.

비가 오면 곤충들은 어디로 갈까?

곤충
벌레를 흔히 이르는 말.

풀잎 아래 숨었지

 비가 오면 하늘을 자유롭게 날아다니던 곤충들이 하나도 보이지 않아요.

 모두 어디로 꼭꼭 숨어 버린 걸까요?

 혹시 빗방울에 젖어 어디서 아파하고 있는 건 아닐까 걱정되지요? 하지만 그런 걱정은 안 해도 돼요. 곤충들도 어려운 상황을 넘기기 위한 재주는 하나씩 가지고 있으니까요.

 비가 오면 곤충들은 나뭇잎이나 풀잎 아래에서 안전하게 비를 피하고 있답니다.

곤충은 어떻게 숨을 쉴까?

기문
곤충·거미·전갈·진드기·지네·노래기 등 기관호흡을 하는 육상 절지동물에서 볼 수 있음. 몸의 측면 또는 배쪽에 열려 있어 내부의 기관과 연결되어 있음.

풀리는 궁금증

곤충의 호흡기를 기문이라고 해

곤충은 사람처럼 코와 입으로 숨을 쉬지 못해요. 곤충은 **기문이라는 호흡기로 숨을 쉰답니다.** 기문은 몸 옆이나 배 쪽에 있는 '숨쉬는 문'으로 몸 안의 호흡 기관과 연결되어 있어요.

지네나 노래기처럼 마디가 많은 곤충의 기문도 몸의 마디에 있어요. 이처럼 대부분의 곤충류와 거미, 전갈, 진드기, 지네 등은 기문을 통해 숨을 쉬는 것이랍니다.

보통 곤충은 가운뎃가슴마디 뒤쪽에 있는 마디에 열 쌍의 기문이 있답니다.

연어는 태어난 곳을 어떻게 찾아갈까?

회귀
다시 본래의 자리로 돌아옴.

고향에서 나를 부르고 있어

연어는 깨끗한 강에서 알을 낳아요. 알에서 깨어난 새끼는 어른이 될 때까지 바다 여행을 한답니다. 넓은 바다를 돌아다니다 자기가 태어난 강으로 돌아와서 알을 낳고 죽는답니다.

이렇게 동물이 자신이 태어난 곳으로 돌아오는 것을 회귀 본능이라고 해요.

연어가 태어나 되돌아 갈 수 있는 것은 자신이 태어난 강의 냄새를 기억하고 있기 때문이에요. 연어는 알에서 깨어나 처음으로 맡은 강의 냄새를 죽을 때까지 잊지 않는대요.

철새는 왜 이동을 할까?

철새
철을 따라서 살 곳을 바꾸어 사는 새.

먹이를 찾아 이사를 가지

　제비, 청둥오리, 두루미, 꾀꼬리 등은 계절에 따라 이동 합니다. 계절에 따라 움직이는 새를 철새라고 부르지요. 왜 철새들은 먼 곳으로 힘들게 날아 가는 걸까요?

　철새들이 다른 곳으로 가는 것은 날씨가 추위 적응하기도 힘들고 잡아먹을 먹이가 모습을 감추기 때문이에요. 그래서 먹이가 많은 따뜻한 곳으로 가는 것이지요. 또한 환경이 좋은 곳에서 새끼를 낳아 안전하게 기르기 위해서이기도 하구요.

　철새들이 이동 하는 것은 **먹이를 구하거나 번식을 쉽게** 하기 위해서랍니다.

식물의 세계
우리가 살아가는데 꼭 필요한 소중한 식물 이야기

질문

38 선인장은 왜 가시가 많을까? · 88

39 식물은 뭘 먹고 살까? · 90

40 가을이면 왜 나뭇잎이 떨어질까? · 92

41 식물에도 혈액형이 있을까? · 94

42 세상에서 제일 키가 작은 나무는? · 96

질문

43 은행잎은 왜 노랗고 단풍잎은 왜 빨갈까? · 98

44 은행알에서 왜 구린내가 날까? · 100

45 귤 껍질 속의 하얀 힘줄은 무엇일까? · 102

46 나무도 결혼을 할까? · 104

선인장은 왜 가시가 많을까?

선인장
잎이 가시 모양으로 변하여 수분의 증발을 막음. 줄기는 육질이고 즙이 많으며, 여러 가지 빛깔의 꽃이 핌.

사막은 물이 귀해요

선인장은 주로 열대지방에서 많이 자라는 식물로 세계에 약 1,700 종이나 된다고 해요. 그 크기는 콩알만큼 작은 것부터 6m 이상에 달하는 큰 것까지 있는데 다른 식물에 비해 그 차이가 커요. 선인장이 가시가 많은 것은 물이 귀한 사막에서 태어났기 때문이에요. 식물은 줄기에 물을 머금고 있어야 하는데 물이 귀한 사막에서 넓은 잎은 생명을 위협하는 존재였어요.

살아남기 위해서는 잎을 최대한 작게 하여 잎을 통해 물이 없어지는 것을 막아야 했어요. 그러다 보니 잎은 점점 작아져 뾰족한 가시로 변하게 되었죠.

식물은 뭘 먹고 살까?

식물
생물계를 둘로 분류한 것의 하나. 대부분 땅속에 몸의 일부를 붙박아서 이동하지 않으며, 뿌리·줄기·잎을 갖추어 수분을 흡수하고 산소를 배출하면서 광합성 등으로 영양을 섭취하는 생물체를 이르는 말.

풀리는 궁금증

녹말을 먹고 산다구요?

사람이나 동물은 움직여서 먹이를 구할 수가 있지만 식물은 먹이를 찾아 나설 수가 없어요. 태어나서 죽을 때까지 그 자리에 서 있어야 하니까요. 그렇다고 식물이 물만 먹고 자라는 것은 아니예요.

나무나 풀은 햇빛을 받아 탄소동화작용을 하는데 뿌리에서 물을 빨아올려 잎으로 보내면, 잎의 숨구멍을 통해 들어온 이산화탄소가 물과 합쳐져서 녹말을 만들어 내요. 이렇게 만들어진 녹말이 식물을 자라게 하고 열매를 맺게 하는 거예요.

이와 같은 작용을 식물의 광합성이라고 해요.

생물·식물

가을이면 왜 나뭇잎이 떨어질까?

낙엽
가을이면 나뭇잎이 떨어짐.

물과 햇빛이 필요해!

열대지방에서 자라는 식물들은 끊임없이 꽃을 피우고 열매를 맺어요. 그만큼 따뜻한 날씨는 식물을 잘 자라게 하는 좋은 여건이지요.

특별한 식물을 제외하고는 시기를 정해서 잎을 떨어뜨리는 일은 거의 없어요.

우리 나라처럼 사계절이 뚜렷한 나라에 사는 식물은 가을이 되면 뿌리의 활동이 약해져서 흙 속에서 물과 햇빛을 충분히 흡수할 수가 없게 돼요.

그래서 가을이면 물과 햇빛이 모자라 낙엽이 떨어지는 거예요.

식물에도 혈액형이 있을까?

혈액형
혈구와 혈청의 응집 반응으로 피를 분류한 유형.

식물도 혈액형이 있어

사람은 모두 혈액형을 가지고 있어요. 물론 동물도 혈액형이 있지요. 그렇다면 식물에도 혈액형이 있을까요? 설마 식물에 혈액형이 있겠어? 라고 묻는 친구도 있겠지만, 식물에도 혈액형이 있어요.

식물은 세포의 표면에 당의 사슬이 있어 그 앞 끝에 달라붙는 물질에 따라서 우리처럼 B형 AB형 O형의 혈액형이 정해져요.

예를 들면 호박, 사과, 딸기, 배 등은 O형. 포도, 메밀 등은 AB형이에요.

식물의 혈액형은 O형이 절반 정도이고 나머지는 B형 또는 AB형이며, A형은 아직 발견되지 않았어요.

세상에서 제일 키가 작은 나무는?

식물
생물계를 둘로 분류한 것의 하나. 대부분 흑에서 자라며, 뿌리·줄기·잎을 갖추어 수분을 흡수하고 산소를 배출하면서 광합성 등으로 영양을 섭취하는 생물체를 통틀어 이르는 말.

풀리는 궁금증

열매까지 맺는 귀여운 나무

　가장 작은 식물은 '시클로코-콜리루스 렙코포루스'라는 플랑크톤이에요.
　이 플랑크톤은 1mm의 바늘 끝에 약 500개를 올릴 수 있다고 해요.
　우리 나라에서 제일 작은 나무는 한라산에서 자라는 돌매화나무로 알려져 있어요.
　이 나무는 다 자라도 키가 3~5cm정도밖에 안 된다고 해요.
　키는 작지만 7월이면 꽃이 피고 9월에 열매까지 맺는 완벽한 나무예요. 돌매화나무는 희귀해서 학술적 가치가 아주 높아요.

궁금한 건 못참아 43

은행잎은 왜 노랗고 단풍잎은 왜 빨갈까?

단풍
기온이 차가워지는 계절(늦가을)이면 나뭇잎이 붉거나 누렇게 변하는 것.

풀리는 궁금증

나뭇잎의 성격이랄까…

 가을이면 온 산을 붉게 물든 단풍잎을 볼 수 있어요. 여름이면 녹색이던 나뭇잎이 가을이면 단풍이 든 것이죠. 은행잎은 노랗게, 단풍잎은 빨갛게 변하죠. 이렇게 색깔이 다르게 물이 드는 것은 잎 속에 있는 색소가 다르기 때문이에요.

 단풍이 드는 것은 광합성으로 만들어진 탄수화물이나 아미노산이 줄기로 이동하지 못하고 잎에 쌓여 색소로 변하면서 생기는 현상이에요. 노랗게 물드는 색은 카로티노이드 색소이고, 붉은색을 띠는 것은 안토시아닌 색소예요.

생물·식물

은행알에서 왜 구린내가 날까?

은행나무
원산지 중국. 암수 딴그루임. 잎은 부채 모양이며 가을이면 노랗게 단풍이 듦. 4월경에 녹황색 꽃이 피고 10월 경에 노랗게 익는 열매는 식용함.

풀리는 궁금증

종족 보존 때문에 그렇다는군

은행은 구린내가 나는 껍질에 싸여 있어요. 익어서 떨어진 은행을 줍고 싶어도 냄새 때문에 그냥 내버려두는 경우가 많아요.

은행알이 냄새가 심한 것은 자신을 보호하기 위한 수단이에요. 자손을 번식시키기 위한 일종의 종족보존 방법이라고 할 수 있지요. 벌레 중에 냄새가 고약한 것과 같은 이치예요. 일부 벌레는 적이 가까이 오면 몸에서 심한 냄새를 뿜어 자신의 목숨을 구한대요.

아무리 보기 좋은 음식이라도 냄새가 심하게 난다면 먹지 않겠죠?

귤 껍질 속의 하얀 힘줄은 무엇일까?

귤
귤나무의 열매. 빛깔은 등황색이며, 맛은 시고 새콤달콤함.
제주도에서 많이 재배함.

풀리는 궁금증

인체의 힘줄과 같은 양분의 이동 통로

 귤 껍질을 벗기면 하얀 힘줄이 온몸을 감싸고 있는 것을 볼 수 있어요.

 이 힘줄을 먹어도 되는 걸까요? 먹지 말아야 할까요? 도대체 이 힘줄의 정체는 뭘까요?

 꽃이 진 다음에 열리는 열매는 점점 커져서 단 즙을 모으는데 양분을 얻지 않으면 안 돼요. 이 양분의 통로가 바로 자루를 싸고 있는 하얀 솜과 같은 힘줄이에요.

 힘줄을 먹어도 상관은 없지만 맛이 없어 보통 먹지 않지요.

생물 · 식물

나무도 결혼을 할까?

암수딴그루 암꽃과 수꽃이 각각 딴 그루에 있음. 또는 그 식물. 은행나무 · 뽕나무 · 삼 · 시금치 등. **암수한그루** 암꽃과 수꽃이 한 그루에 있음. 또는 그 식물. 소나무 · 밤나무 · 호박 · 오이 등.

풀리는 궁금증

꽃가루가 만나 열매를 맺으면

나무의 결혼은 꽃을 통해서 이루어져요.

암꽃과 수꽃에 있는 꽃가루들이 만나 열매를 맺으면 나무가 결혼을 했다는 증거예요.

나무들은 대개 암꽃과 수꽃이 한 나무에서 피는데, 이것을 암수한그루라고 해요.

수나무, 암나무가 따로 있는 나무를 암수딴그루라고 하지요. 은행나무와 버드나무, 비자나무, 뽕나무 등이 해당해요.

꽃가루를 옮겨 주는 것은 바람, 벌, 나비 들이에요.

은행나무를 심을 때는 수나무와 암나무가 서로 마주 보도록 심어야 해요. 그래야 열매를 맺을 수 있으니까요.

생물·식물

생활 속의 과학 이야기
알쏭달쏭 생활 속의 과학 이야기

질문

47 불쾌지수가 뭘까? · 110
48 설탕에 소금을 넣으면 왜 단맛이 강해질까? · 112
49 체온계의 눈금은 왜 42도까지만 있을까? · 114
50 로켓과 제트기는 어떻게 다를까? · 116
51 레이더는 어떻게 물체를 탐지해 낼까? · 118

질문

52 크고 무거운 비행기가 어떻게 하늘을 날 수 있을까? · 120
53 달력은 어떻게 해서 만들어졌을까? · 122
54 바다 밑의 석유는 어떻게 파낼까? · 124
55 신호등은 왜 빨강, 노랑, 초록색의 3색을 쓸까? · 126
56 금을 귀하게 여기게 된 까닭은? · 128

질문

57 엑스레이란 어떤 것일까? · 130
58 드라이 아이스에서 나는 흰 연기는 뭘까? · 132
59 사슴의 뿔 속은 어떻게 되어 있을까? · 134
60 아라비아 숫자는 누가 만들었을까? · 136
61 안개의 정체는 뭘까? · 138

질문

62 온도계의 눈금에 나타나는 붉은 액체는 무엇일까? · 140
63 하늘로 쏜 총알은 어떻게 될까? · 142
64 냉면에는 왜 계란을 반만 넣을까? · 144
65 축구공은 어떻게 만들어졌을까? · 146
66 냉장고가 없을 때 얼음을 어떻게 보관 했을까? · 148

질문

67 태풍 이름은 누가 만드는 걸까? · 150
68 '구구단'은 어느 나라에서 만들어졌을까? · 152
69 조선시대 왕은 어디에 소변을 보았을까? · 154
70 우리 나라 화장실의 다양한 명칭은? · 156
71 능·원·총은 어떻게 다를까? · 158

질문

72 현재의 문명이 탄생하기까지? · 160
73 오줌싸개에게 키를 씌워 왜 소금을 받아 오게 했을까? · 162
74 1주일은 왜 7일일까? · 164
75 거짓말 탐지기는 어떻게 거짓말을 알아낼까? · 166
76 달리고 있는 자전거는 왜 넘어지지 않을까? · 168

질문

77 귀신은 왜 밤에만 나타날까? · 170
78 천연 기념물은 어떻게 정할까? · 172
79 가로등은 누가 끌까? · 174
80 스님들은 왜 머리를 깎나? · 176
81 투시 카메라는 어떻게 옷 속까지 보이게 할까? · 178

질문

82 걸어가면 왜 달이 따라오는 것처럼 보일까? · 180
83 거울에 비친 모습은 왜 좌우가 반대로 되어 있을까 · 182
84 미라는 왜 만들었을까? · 184
85 장례식 때는 왜 검은 옷을 입을까? · 186
86 전화기는 멀리 있는 친구의 말을 어떻게 들리게 할까? · 188

질문

87 만화 영화는 어떻게 움직이는 걸까? · 190
88 띠는 어떻게 정해지나? · 192
89 세상에서 가장 많이 팔린 책은 무엇일까 · 194
90 왜 잔칫날에는 국수를 먹을까? · 196
91 남한과 북한으로 나뉜 이유는 뭘까? · 198

불쾌지수가 뭘까?

습도
공기 중에 수증기가 포함되어 있는 정도, 또는 그것을 나타내는 양.

풀리는 궁금증

날씨가 더우니 기분이 나빠

 날씨가 더우면 막 짜증이 나지요? 그래서 여름에는 불쾌지수가 높다,라는 말을 자주 듣게 되는데, 불쾌지수가 도대체 뭘까요?

 불쾌지수를 다른 말로 온습지수라고도 하는데 이 불쾌지수는 높은 기온과 습도에 의해서 그 지수가 정해져요. 쉽게 말하자면 기온이 높은데다 습도마저 높으면 불쾌지수는 그만큼 더 커지는 것이에요. 비록 더운 날씨라고 해도 습도가 낮으면 불쾌지수는 높아지지 않아요. 여름에 알맞은 불쾌지수는 68이하예요. 그 이상이 되면 사람들은 불쾌감을 느끼게 돼요.

설탕에 소금을 넣으면 왜 단맛이 강해질까?

소금
짠맛을 내는 무색의 천연 광물성 식품. 염소와 나트륨의 결정성 화합물로 조미료와 방부제로 쓰임.

감각 구조 때문이야

 설탕으로 맛을 낼 때 소금을 조금 넣어 주면 음식의 단맛이 높아져요.

 설탕에 소금을 넣었는데 왜 짜지 않고 단맛이 높아질까요?

 이것은 우리 몸의 감각 구조 때문이에요. 감각의 대비라고 하는 현상은 두 가지 자극이 있을 경우, 한쪽이 약하면 강한 쪽의 감각이 약한 쪽의 감각의 영향을 받아 더욱 강하게 느껴지는 현상이에요.

 설탕에 소금을 약간 넣어 단맛을 증가시킨 것은 설탕의 단맛이 소금이라는 짠맛과 대비 현상을 일으켜 더욱 달게 느껴지는 것이에요.

체온계의 눈금은 왜 42도까지만 있을까?

체온계
체온을 재는 데 쓰이는 온도계.

체온 유지 36.5°C

우리가 흔히 사용하는 온도계의 눈금은 100도까지 표시되어 있어요.

그런데 우리 몸의 온도를 재는 체온계의 눈금은 최고 42도까지밖에 표시되어 있지 않아요.

일반적으로 사람의 온도는 36~37도의 체온을 유지하지만 몸이 아프면 체온이 올라가요. 계속 열이 나도 체온은 오르는 것에 한계가 있어요.

몸의 온도가 41도를 넘으면 사람은 혼수상태에 빠지게 되고, 42도가 되면 생명을 잃게 돼요. 이런 이유로 체온계는 42도 이상의 눈금을 만들어 놓지 않았어요.

로켓과 제트기는 어떻게 다를까?

제트기 : 제트 엔진을 추진 장치로 하는 비행기. 분사 추진식 비행기.

로켓을 타고 우주를 여행을

제트기와 로켓의 가장 큰 차이점은 연료를 연소시키는 산화제를 가지고 있느냐 없느냐 하는 것이에요. 제트기는 한 개의 탱크를 가지고 있는데 가솔린만 들어 있어요. 가솔린이 타려면 산소가 필요해요. 그래서 제트기는 산소를 공기에서 흡수해 엔진을 가동시켜요. 돈은 적게 들지만 제트기는 공기가 없는 우주에서는 날 수 없겠지요?

로켓은 두 개의 탱크에 각각 가솔린과 산소가 들어 있어요. 두개의 연료를 이용해 우주에서도 빨리 날 수 있어요.

우주를 여행하려면 로켓을 타야 겠죠?

레이더는 어떻게 물체를 탐지해 낼까?

레이더
전파를 발사하여 그 반사파를 받아 목표물의 존재와 거리를 탐지하는 무선 감시 장치. 항공기·선박 등에 널리 이용됨. 전파 탐지기.

풀리는 궁금증

안개 속에서 목표물을 찾아라

레이더는 전파를 이용해서 물체를 탐지하는 장치예요. 간단하게 말하면 전파를 사용해서 물체를 찾아내고, 그 물체까지의 거리가 얼마나 되는지 알아내는 것이죠. 레이더용 안테나에서 발사한 전파가 찾고자 하는 물건에 부딪치면 다시 되돌아온 것을 수신기로 잡아서 브라운관에 나타내는데 대개 점으로 표시가 돼요.

레이더는 안개 속에서도 목표물을 또렷하게 잡을 수 있어 여러 곳에 이용되고 있어요.

크고 무거운 비행기가 어떻게 하늘을 날 수 있을까?

비행기
항공기의 한 가지. 프로펠러를 돌리거나 가스를 내뿜어서 하늘을 나는 기계.

중력과 양력이 무엇이냐면?

어떻게 쇠로 만들어진 비행기가 하늘을 날 수 있을까요?

공기처럼 흐르는 것을 우리는 '유체'라고 해요. 어떤 물체가 빠른 속도로 나아가면, 앞에 있던 공기는 빠른 속도로 물체의 위와 아래로 나뉘어져요.

이때 빠른 속도로 나아가는 물체의 아래에 생기는 힘을 '중력'이라고 하고, 위에 생기는 힘을 '양력'이라고 해요. 중력은 지구의 인력으로 땅으로 끌어당기는 힘이고, 양력은 하늘로 들려 올리는 힘이에요. 무거운 비행기가 하늘을 날 수 있는 것은 이 두 힘 때문이에요.

달력은 어떻게 해서 만들어졌을까?

달력
일 년의 날짜를 따라 적어 놓은 것. 월력. 캘린더.

보름달과 초승달을 잘 관찰해 봐

　우리들은 하루, 한 달, 한 해라는 자연계의 리듬에 따라서 생활하고 있어요.

　이 리듬을 무시하거나 만약 이런 리듬이 없다면 사회는 여러 가지 면에서 복잡하게 될 것이에요. 이 리듬을 알려 주는 것이 바로 달력이에요.

　옛날 사람들은 보름달과 초승달의 현상을 관찰하고 난 뒤 초승달이 뜬 다음 초승달이 보이기까지 29일 또는 30일이 걸리는 것을 알게 되었어요. 그래서 29일이나 30일을 한 달로 정했어요.

　이것이 달의 위치와 모양에 의해 만들어진 태음력이에요.

바다 밑의 석유는 어떻게 파낼까?

바다
지구에서 육지 이외의 부분으로 소금물이 괴어 있는 곳. 지구 표면적의 약 4분의 3을 차지함.

우선 큰 배에 시설을 설치해야지

바다에서 석유를 파내기 위해서는 시추작업을 해야 돼요. 시추작업은 땅 속 깊이 구멍을 뚫어 끌어올린 물질을 검사하는 것을 말해요.

지하 바위 층의 생선 연대와 고생물의 생태 여부, 암석의 종류, 유전의 가능성 여부을 가리고 난 다음 석유가 있는 것이 확실하면 유전 평가 작업을 해요. 경제성이 있으면 석유를 파내기 위한 시설을 설치하는 거죠.

깊은 바다 속에 있는 석유을 파려면 큰 배에 시설을 설치하고 인공 섬을 만든 다음 석유를 파는 거예요.

신호등은 왜 빨강, 노랑, 초록색의 3색을 쓸까?

신호등을 잘 지키는 어린이가 되어요.

신호등
차가 다니는 도로에 세워져 일정한 신호를 알리는 등불.

풀리는 궁금증

위험 신호나 정지 신호의 색깔로 적합

기차의 위험을 방지하기 위해 처음 신호등을 만들었어요. 맨 처음 열차가 달렸을 때에는 말을 탄 신호수가 붉은 기를 흔들면서 열차 앞을 달렸다고 해요.

빨간색은 눈에 잘 띠어 주의를 환기시키는 데에 효과가 있어요. 또 안개가 낀 날에도 잘 보이므로 위험 신호나 정지 신호의 색깔로 적합해요.

파장이 가장 긴 것은 빨간색, 그 다음은 노란색이며, 초록색은 그 다음이에요.

신호기에 빨간색, 노란색, 초록색의 3색을 쓰는 것은 신호가 눈에 잘 띨 수 있도록, 파장이 긴 색을 선택한 것이에요.

금을 귀하게 여기게 된 까닭은?

금
금속 원소의 한 가지. 황색의 광택을 내며 화폐나 장식품 따위에 쓰임.

풀리는 궁금증

불에 타도 색깔이 변하지 않아

금의 가치를 높게 만들어 준 가장 큰 이유는 녹이 슬지 않는다는 점이에요.

금은 습기가 많은 곳에 두거나 물 속에 넣어두어도 결코 녹이 슬지 않아요. 불에 타도 색깔이 변하지 않고 언제나 아름다운 황금빛을 가지고 있어요.

또 금이 비싼 것은 여러 가지 모양의 장식을 만드는 데 편리하기 때문이에요. 즉, 금은 가공하기 쉽다는 큰 장점을 가지고 있어요.

생활

엑스레이란 어떤 것일까?

엑스레이(X-ray)
몸의 내부를 음영의 사진으로 나타내어 병의 유무를 확인 할 수 있게 함.

풀리는 궁금증

전자기의 짧은 파장

 몸이 아프면 흔히 병원에서 엑스레이를 촬영하는데, 엑스레이란 어떤 것일까요?

 엑스레이는 광선과 비슷한 전자기의 짧은 파장이에요. 파장이 짧기 때문에 엑스선은 빛이 통과할 수 없는 물질도 쉽게 통과할 수 있어요. 파장이 짧으면 짧을수록 그만큼 물질을 꿰뚫는 힘이 강하거든요.

 엑스레이를 촬영하면 그 광선은 피부나 근육은 꿰뚫고 지나가지만 뼈는 통과하지 못해요. 엑스선 사진을 찍어 보면 근육이나, 지방의 조직이 두께에 따라 그림자가 나타나는 걸 알 수 있어요.

생활

드라이 아이스에서 나는 흰 연기는 뭘까?

드라이 아이스
순도 높은 이산화탄소를 압축하여 고체로 만든 냉각제. 일정한 온도나 압력에서 기화함.

풀리는 궁금증

공기 속에 있는 수증기들

 드라이 아이스는 기체인 이산화탄소를 압축하여 만든 고체 이산화탄소로, 흔히 냉각제로 사용돼요. 이 고체 상태의 이산화탄소는 공기 중에서 액체 상태를 거치지 않고 바로 기체가 되거든요.

 드라이 아이스를 공기 속에 내놓으면 흰 연기가 계속 나오는 것을 볼 수 있어요. 흰 연기는 드라이 아이스의 공기 속에 있는 수증기들이에요. 특히 물 속에 넣으면 흰 연기가 많이 나와요.

 텔레비전 쇼에서는 드라이 아이스를 물통에 담아서 무대에 안개 효과를 내기도 해요.

사슴의 뿔 속은 어떻게 되어 있을까?

사슴
털은 갈색임. 몸은 홀쭉하고 다리가 가늘고 길어 달리는 데 알맞으며, 꼬리는 짧음. 보통 수컷의 머리에는 나뭇가지 모양의 뿔이 해마다 다시 돋으며, 봄철에 새로 돋은 뿔은 녹용이라 하여 약재로 쓰임.

풀리는 궁금증

혈관이 뼈처럼 굳어지는 것

뿔을 가지고 있는 동물에는 사슴, 소, 물소, 기린, 영양, 염소 등 여러 동물이 있는데, 모두 같지 않고 조금씩 차이가 있어요.

뿔이 있는 사슴은 수컷으로 보통 때는 온순하지만 서로 다툴 때에는 뿔과 뿔을 맞대고 온 힘을 다해서 싸우기도 합니다.

사슴 뿔은 해마다 재생하는데 처음엔 부드러운 피부가 털로 덮여져 있고, 속에는 혈관이 가득 차 있어요.

그리고 점차 뼈처럼 굳어지는 데 이것이 사슴뿔이에요.

아라비아 숫자는 누가 만들었을까?

아라비아 숫자
0·1·2·3·4·5·6·7·8·9의 10개의 숫자를 기본으로 하여 이루어진 숫자.

풀리는 궁금증

아라비아 상인들이 숫자를 퍼뜨렸다고?

우리가 산수 시간에 쓰는 1, 2, 3, … 등의 숫자를 아라비아 숫자라고 해요.

세계 공통으로 사용되고 있는 숫자지요. 말은 나라마다 다르지만 숫자는 어느 나라에서나 똑같이 쓰고 있어요. 아라비아 숫자를 처음 만든 사람은 인도 사람이에요.

그런데 왜 인도의 숫자라고 하지 않고 아라비아 숫자라고 했을까요? 그것은 인도에 드나들었던 아라비아 상인들이 인도에서 숫자를 배워 12세기경 유럽으로 가 유럽에 퍼뜨렸기 때문이에요. 그래서 유럽 사람들이 아라비아 숫자라고 부르게 되었어요.

안개의 정체는 뭘까?

안개
공기 속의 수증기가 엉겨서 작은 물방울이 되어 땅 가까이에 연기처럼 끼는 자연 현상.

풀리는 궁금증

안개가 구름이라고?

도시에 안개가 짙게 끼면 차들은 매우 위험해요. 공항에서는 비행기가 뜨고 내리지도 못해요. 간단히 말해 안개란 땅에 깔리는 매우 낮은 구름의 일종이에요.

하늘에 뭉실뭉실 떠 있는 구름과 안개의 차이는 전혀 없어요. 안개가 생기기 위해서는 공기 속의 수증기가 엉켜 뭉쳐서 아주 자그마한 물방울이 되어야만 해요.

그러기 위해서는 공기가 차가워져야 되는데 찬 공기는 따뜻한 공기 만큼 많은 수증기를 갖고 있지 못하기 때문에 물방울을 만들어 안개가 되는 거예요.

온도계의 눈금에 나타나는 붉은 액체는 무엇일까?

온도계
온도를 재는 기구.

풀리는 궁금증

눈금 속에 등유가 들어 있어

온도가 높아지면 물체의 부피가 늘어나는 성질을 이용해 만든 것이 온도계예요.

도대체 어떤 액체이길래 온도의 변화에 따라 온도계의 눈금에 오르내리는 걸까요?

이것은 <u>석유의 일종인 등유를 붉게 물들인 것</u>이에요. 옛날에는 온도계의 액체로 알코올을 사용하기도 했어요.

그러나 지금은 등유만 쓰고 있어요. 왜냐하면 붉게 염색한 알코올은 시간이 지나면 색깔이 변하기 때문이에요.

하늘로 쏜 총알은 어떻게 될까?

총
화약의 힘으로 발사하는 비교적 작은 총포를 통틀어 이르는 말.

풀리는 궁금증

빙글빙글 돌면서 자유낙하를

하늘을 향해 총을 빵 쏘았어요. 하늘로 쏜 총알은 지금도 계속 올라가고 있을까요? 아니면 땅으로 떨어졌을까요?

총알은 발사되는 동시에 빙글빙글 돌게 만들어져 있어요. 이 회전력 때문에 총알이 직선으로 나가는 것이에요.

어떤 물체에 맞으면 앞구멍은 작아도 빠져나온 구멍은 회전력에 의해 뻥 뚫려 총에 맞으면 대부분 죽거나 크게 다치게 돼요.

하늘로 쏜 총알은 계속 올라가다 결국, 회전력이 점점 줄어 힘없이 돌다 떨어지게 돼요. 총알은 이제 작은 쇳덩이일 뿐이에요.

냉면에는 왜 계란을 반만 넣을까?

냉면
주로 여름에 먹는 국수의 종류. 비벼먹거나 동치밋국이나 육수 등에 말아서 먹음.

풀리는 궁금증

보기 좋은 냉면이 맛도 좋다!

냉면에 계란을 넣는 이유는 두 가지가 있어요. 첫번째는 입맛을 돋구기 위해서예요. 냉면을 빈속에 먹으면 위가 부담스러워 해요. 그래서 계란으로 위를 달랜 후 냉면을 먹으면 위가 한결 부드러워지는 것이죠.

다른 하나는 보기 좋은 음식이 맛도 좋다는 디자인적 감각이에요. 계란 반쪽이 예쁘게 놓여진 모양은 식욕을 자극하기 때문이지요.

별것 아닌 듯싶지만 모든 음식에는 옛어른들의 지혜와 과학이 숨어 있어요.

축구공은 어떻게 만들어졌을까?

축구
구기의 한 가지. 두 편이 정해진 시간 안에 발 또는 머리를 이용하여 공을 상대편의 골 속에 넣음으로써 승부를 겨루는 경기.

풀리는 궁금증

축구공에 바느질이 그렇게나 많이

 최초의 정식 축구공은 8조각이었고, 이후 12조각에서 18조각, 26조각으로 늘어났다가 지금은 오각형 조각 12개와 육각형 조각 20개로 만든 32조각의 축구공을 사용하고 있어요. 처음에는 쇠가죽을 사용했는데 부위별로 탄력이 틀리고 방수성이 없어 지금은 인조가죽으로 거의 만들어요.

 축구공의 성분은 바깥은 외피와 안쪽의 부직포, 그리고 고무 튜브로 이루어져 있어요.

 축구공은 1천6백20회의 손바느질을 거쳐 만들어진다고 해요.

냉장고가 없었을 때 얼음을 어떻게 보관 했을까?

냉장고
식품 따위를 저온에서 저장하는 것.

겨우내 얼음을 동굴에 보관했다

조선시대에 얼음을 보관하던 창고를 빙고라 불렀어요. 서울에 서빙고동, 동빙고동 이라는 지역이 있는데 예전에 얼음을 보관하던 창고가 있던 이름에서 유래된 것이에요.

냉장고가 없을 때라 얼음을 만들지는 못했고 겨울에 얼린 얼음을 여름에도 쓸 수 있게 동굴 창고에 보관하여 쓴 것이지요.

얼음을 보관하는 방법은 겨우내 동굴을 냉각시킨 다음 얼음을 넣은 뒤 7, 8개월 동안 차갑게 유지해 얼음이 필요할 때 꺼내 썼어요.

석빙고 내부 기온은 평균 영하 0.5 ~ 영상 2도라고 해요.

태풍 이름은 누가 만드는 걸까?

태풍
북태평양 남서부에서 발생하여 동북아시아 내륙으로 불어닥치는 폭풍우. 열대성 저기압 중, 최대 풍속 매 초 17m 이상 되는 것을 말함.

풀리는 궁금증

아시아권 태풍위원회 회원국

 2003년부터 태풍 이름은 우리 나라를 비롯한 아시아권 14개 나라의 태풍위원회 회원국에서 10개씩 제출한 태풍 이름을 사용하기로 했어요. 태풍 이름 순서는 제출국가의 알파벳순으로 사용돼요. 140개의 태풍 이름은 1개조 28개씩 5개조로 묶어 1조부터 하나씩 5조까지 사용되며, 5조가 끝나면 다시 1조로 돌아와요. 우리 나라에서 제출한 태풍 이름은 개미·나리·장미·수달·노루·제비·너구리·고니·메기·나비 등 10개이며, 북한은 기러기·도라지·갈매기·매미·메아리·소나무·버들·봉선화·민들레·날개 등 10개예요.

'구구단'은 어느 나라에서 만들어졌을까?

구구단
'구구법'을 흔히 이르는 말.

구구팔십일, 구팔칠십이

 기원전에 수학이 가장 발달한 나라는 중국이에요. 약 이천여 년 전 한나라 시대에 이미 구장산술이라는 수학책이 있었으며, 나눗셈, 비례식, 제곱근, 도형 계산, 연립방정식, 이차방정식, 직각삼각형 문제 등이 수록되어 있었어요. 당시 중국에서는 원주율 파이의 값이 3.1415927이라는 것을 이미 알고 있었는데, 유럽의 수학자들이 17세기가 되어서야 겨우 구해 낸 값이에요. 구구단은 천이백여 년 전에 중국에서 전해진 것인데, 그때는 거꾸로 구구팔십일, 구팔칠십이… 처럼, 9단에서부터 외웠기 때문에 구구단이라고 불렀대요.

조선시대 왕은 어디에 소변을 보았을까?

편전
임금이 평소에 거처하던 궁전.

매우틀을 가져 오라

조선시대 왕은 소변을 요강에 보았고, 대변은 매우틀이라는 휴대용 변기를 이용했어요. 매우틀은 임금의 편전과 왕대비의 침전에만 두었던 이동식 화장실이에요. 왕이 가는 곳에는 이 매우틀이라는 휴대용 변기도 함께 움직였어요.

매우(梅雨)의 매는 '큰 것'을 우는 '작은 것'을 이르는 뜻이에요. 매우틀은 나무로 만들어졌고, 그 안에 사기나 놋그릇을 넣어 서랍처럼 넣고 뺄 수 있도록 했어요.

우리 나라 화장실의 다양한 명칭은?

화장실
소변과 대변을 보는 곳.

풀리는 궁금증

해우소가 뭐 하는 곳이냐구요?

측간 : 옆에 있는 공간
정방 : 몸 속을 깨끗이 해주는 공간
북수간 : 뒷물을 하는 공간
변소 : 대소변을 보는 공간
해우소 : 생리적 걱정뿐만 아니라 마음의
　　　　　근심까지 소멸시키는 공간
뒷간 : 건물 뒤쪽에 있는 공간

생활

능·원·총은 어떻게 다를까?

묘
사람이 죽으면 시체나 유골을 묻은 곳.

풀리는 궁금증

신분에 따라 무덤 이름이 달라

 같은 무덤이라도 그 주인의 지위에 따라 무덤을 부르는 이름이 달라요. 능은 왕과 왕비의 무덤이며 원은 왕이나 비의 자리에 오르지 못한 임금의 부모나 왕세자 내외의 무덤이라고 해요. 대군, 공주, 후궁 등의 무덤은 묘라 하고, 왕위에 있었다 해도 폐위되어 복권치 못한 연산군이나 광해군의 무덤도 묘라고 칭해요.

 총은 옛 무덤 중 규모가 크지만 주인을 알 수 없는 경우에 붙이는데 발굴된 대표적인 유물의 이름을 따 천마총, 금관총, 무용총 등으로 부르고 있어요.

생활

현재의 문명이 탄생하기까지?

문명
인지가 발달하여 인간 생활이 풍부하고 편리해진 상태. 정신문화에 대하여, 주로 인간의 외면적인 생활 조건이나 질서에 대한 물화.

나무 위에서 잠이 들었어

 수백만 년 전에 나무 위에서 땅으로 내려와 두 발로 걷기 시작한 동물이 있었어요.
 눈 위의 뼈가 앞으로 튀어나왔고, 이마가 거의 없으며, 뇌도 작은 최초의 인류였어요. 그들은 돌로 만든 도구를 사용했고 밤에는 나무 위에서 잠이 들었어요.
 불을 사용하는 방법을 알고 난 뒤 나무에서 내려와 석기를 다듬어 농경이나 목축을 했죠. 농사를 지으려면 강에서 물을 끌어오지 않으면 안 되었기 때문에 대규모의 마을이 강의 연안에 생기게 되었어요. 나일 강, 유프라테스 강, 인더스 강, 황하 강 유역이 바로 4대 문명의 발생지가 되었어요.

오줌싸개에게 키를 씌워 왜 소금을 받아 오게 했을까?

키
곡식 따위의 낟알을 까부르는 기구.

풀리는 궁금증

빨리 자라 오줌 싸지 말아라

키는 곡식을 고를 때 쓰는 물건이에요.

예부터 오줌을 싼 아이에게는 키를 씌워 이웃집에 가서 소금을 받아오게 했어요.

왜 하필이면 키를 씌워 아이에게 소금을 받아 오라 했을까요?

이것은 오줌싸개 아이가 곡식을 많이 먹고 빨리 자라 다시는 오줌을 싸지 말라고 키를 씌우는 것이에요.

또 옛날에는 아주 소금이 귀했어요. 그래서 소금을 그릇에 담아 보냄으로써, 오줌 싼 아이를 혼내지 않아도 미안해서 다시는 오줌을 싸지 않게 하기 위해서였어요.

1주일은 왜 7일일까?

일주일

日 月 火 水 木 金 土
| | | | | | |
해 달 불 물 나무 금 흙

풀리는 궁금증

하느님도 6일 동안 일하고 7일째는 쉬셨대

지금은 일주일이 7일이라는 것을 누구나 다 아는 사실이지만 아주 오래전에는 주일이라는 개념이 없었어요. 1주일이 7일이 된 것은 기원전 6세기 경 바빌론에 살았던 유대인들에게서 비롯되었어요.

유대인들은 하느님이 6일 동안 세상을 창조하고, 7일째를 안식일로 정했다고 믿었기 때문에 1주일을 7일로 삼아 생활했어요. 이렇게 해서 일요일은 태양, 월요일은 달, 화요일은 화성, 수요일은 수성, 목요일은 목성, 금요일은 금성, 토요일은 토성으로 정해져 오늘날 달력에 1주일을 7일로 표시하게 되었어요.

거짓말 탐지기는 어떻게 거짓말을 알아낼까?

거짓말
사실과 다르게 꾸며서 하는 말.

몸에 변화가 생겼어

 어쩌다 엄마에게 거짓말을 하면 괜히 얼굴이 빨개지고 가슴이 두근두근 뛰고 큰 죄를 지은 것 처럼 불안한 경험을 한 적이 있을 거예요.

 거짓말 탐지기는 이런 심리적인 반응을 응용해 만든 프로그램이에요.

 다시 말해 거짓말 탐지기는 거짓말을 했을 때 일어나는 몸의 변화를 신호로 기록하는 기계예요.

 전문가들은 이 기록을 보고 거짓말인지 참말인지를 가려내는 것이죠.

달리고 있는 자전거는 왜 넘어지지 않을까?

자전거
사람이 올라타고 두 발로 페달을 밟아 바퀴를 돌리면서 앞으로 나아가는 탈 것.

풀리는 궁금증

이 상태를 계속 유지하고 싶어

페달을 힘차게 밟으면 자전거는 굴러가기 시작해요. 페달의 힘이 다 떨어질 때까지 굴러가며 쓰러지지 않아요. 이것은 물체가 **움직이고 있는 상태를 유지하려는 힘이 있기 때문**이에요. 물체에 힘을 주어 움직이게 하면 그 힘을 다 쓸 때까지는 같은 상태를 지키려 하는 성질이 있어요.

자전거의 페달 밟기를 멈추면 어떻게 될까요? 움직이는 힘이 떨어지면서 균형을 잃게 돼요. 결국 달리려는 힘보다 쓰러지려는 힘이 강해져 쓰러지는 것이죠.

생활

귀신은 왜 밤에만 나타날까?

귀신
사람이 죽은 뒤에 남는다고 하는 넋. 사람의 혼령.

낮은 양이고 밤은 음이래

옛날 사람들은 우주가 음과 양으로 나뉘어진 두 세계의 조화로 이루어져 있다고 믿었어요. 이 생각에 의하면 산 사람이 머무는 이승과 낮은 양이고, 죽은 사람이 사는 저승과 밤은 음이에요.

원래 귀신은 죽은 사람으로 음의 기운을 가지므로 양의 기운이 가득한 낮에는 나오지 못하고 음의 기운이 지배하는 밤에만 나타나는 것이랍니다.

천연 기념물은 어떻게 정할까?

천연 기념물은 보호해야만 해요.

우리 나라 천연 기념물 몇 가지
달성의 측백수림(제1호, 지정일 1962년 12월 3일)
서울 통의동의 백송(제4호 지정일 1962년 12월 3)
진도의 진돗개(제53호 지정일 1962년 12월 3일)
한강의 황쏘가리(제190호 지정일 1967년 7월 11)
장수하늘소(제218호 지정일 1968년 11월 20일)
무주군 설천면 반딧불이와 그 먹이 서식지(제322호 지정일 1982년 11월 4일)

풀리는 궁금증

천연 기념물은 보호해야 해

천연 기념물은 여러 가지 의미로 보아 중요한 가치가 있으면서 보호하지 않으면 사라질 위기에 있는 동물과 식물, 기타 자연물을 법으로 지정해 관리하는 것을 말해요.

천연 기념물은 많은 학자들과 문화재청과 같은 국가 기관이 자세하게 조사해 공식적으로 지정하게 돼요.

천연 기념물이란 말은 200년 전 독일의 알렉산더 훔볼트가 처음으로 사용했어요.

가로등은 누가 끌까?

가로등
길거리를 밝히기 위하여 가설한 등불.

제어 장치가 모든 걸 통제해

우리가 사용하는 많은 도구를 살펴보면 온도, 압력, 습도 등의 정보를 수집하고 알아내는 장치가 있어요. 이것을 센서라고 해요.
즉 센서는 사람의 눈, 코, 혀 등과 같은 역할을 한다고 할 수 있어요. 이 센서에 모아진 정보는 사람의 뇌와 같은 제어 장치에 연결되어 원하는 방향으로 움직이게 되는 것이죠. 가로등을 켜고 끄는 것은 바로 빛의 양을 알아내는 센서예요.

센서가 빛의 양이 얼마나 되는지를 알아내면 제어 장치가 전기를 통하거나 끊어서 불을 켜고 끄는 것이지요.

스님들은 왜 머리를 깎나?

스님
중이 자기의 스승을 이르는 말. 사승.

수행에 몰두하기 위해서

불교에서는 스님이 되면 머리를 깎고 승복을 입어야 한다고 정하고 있어요. 이것은 수행을 돕기 위해서예요.

스님들이 머리를 깎는 것은 몸을 가꾸기보다는 마음을 가꾸고 수행에 몰두하기 위한 것이에요. 즉 머리를 길러 자꾸 신경을 쓰느니 차라리 삭발을 해서 속세와 인연을 끊어 버리는 것이죠. 삭발은 스님이 되기 위해 맨 먼저 해야 할 일이에요.

투시 카메라는 어떻게 옷 속까지 보이게 할까?

적외선
파장이 가시광선보다 길며 극초단파보다 짧은. 눈으로는 볼 수 없고, 공기 중의 투과력이 강함.

풀리는 궁금증

투시 카메라는 무엇이든 보여

옷을 다 입고 있는데도 알몸을 훤히 들여다보는 일이 가능할까요?

적외선 투시 카메라만 있으면 가능해요. 우리 눈에 보이는 광선은 가시광선이에요. 가시광선보다 훨씬 파장이 긴 적외선은 우리가 입고 있는 옷을 통과할 수 있어요. 투시 카메라는 옷 표면에서 반사된 가시광선을 무시하고 옷을 통과해요. 피부에서 반사된 적외선만 받아들여 화면에 흑백으로 나타나게 하는 것이죠.

그래서 옷 속을 들여다볼 수 있는 것이에요.

생활

걸어가면 왜 달이 따라오는 것처럼 보일까?

달
지구에서 가장 가까운 거리에 있는 천체. 약 27.32일을 주기로 지구 둘레를 공전하면서 약 29.53일을 주기로 차고 기우는데, 스스로 빛을 내지 못하고 햇빛을 받아 밝은 빛을 냄.

모두 똑같은 속도로 스쳐 지나

　기차를 타고 여행을 할 때 창 밖을 내다 보면 가까운 곳에 있는 가로수는 휙휙 잘도 스쳐 가는데 멀리 있는 집들은 아주 천천히 스쳐 가는 것을 알 수 있어요. 그러나 실제로 가로수, 철탑, 산과 달이 모두 같은 속도로 스쳐 가고 있는 것이에요. 이것은 멀리 있는 풍경과 가까이 있는 풍경의 거리가 다르게 보이기 때문이에요.

　달이 우리를 따라오는 것처럼 보이는 것은 멀리 있는 물체일수록 우리 눈에는 천천히 움직이는 것처럼 보이기 때문이에요. 또 달처럼 큰 물체에 비해 우리가 움직이는 거리가 작기 때문이기도 하지요.

 83

거울에 비친 모습은 왜 좌우가 반대로 되어 있을까?

거울
얼굴이나 여러 가지 모습을 비추어 보는 기구. 옛날에는 구리나 쇠로 만들었으나, 오늘날은 유리로 만듦.

거울 속에 비친 모습은 실제와는 달라요

거울은 빛을 고르게 반사해요. 표면이 매끄럽기 때문이죠. 빛이 들어오는 각도(입사각)와 빛이 반사되는 각도(반사각)가 같은 거죠. 그래서 거울에 비친 내 모습은 실제로 있는 것이 아닌데도 똑같이 보이는 것이랍니다. 하지만 모든 것이 같지는 않아요. 거울에 비쳐진 모습은 좌우가 바뀌어 있거든요. 그것은 빛이 반사되어 되돌아오는 상을 보아서죠. 즉, 우리 눈은 빛이 반사된 것을 알지 못하고 마치 거울 뒤편에 자신이 있는 것처럼 보이는 거죠. 다른 물건을 거울에 비추어 보면 거울 속에 비친 모습이 실제와는 다르다는 것을 금방 알 수 있어요.

미라는 왜 만들었을까?

미라
사람이나 동물의 시체가 바짝 말라 원형에 가까운 상태로 있는 것.

풀리는 궁금증

영원히 살고 싶어

고대 이집트 사람들은 미라를 왜 만들었을까요? 그 사람들은 죽으면 영혼이 몸에서 빠져 나갔다가 이 세상으로 다시 돌아와 자기 몸을 찾는다고 믿었어요. 미라는 이렇게 영혼이 돌아왔을 때 다시 자신의 몸으로 찾아 들어갈 수 있게 하기 위해 만들었던 것이죠. 그래서 미라에게 자기 몸을 알아 볼 수 있도록 자기 얼굴 모습의 마스크를 만들어 씌워 놓았어요.

이집트 사람들은 영원히 살고 싶은 소망 때문에 미라를 만들었다고 할 수 있어요.

 85

장례식 때는 왜 검은 옷을 입을까?

상복
상제로 있는 동안에 입는 예복. 소복.

풀리는 궁금증

처음부터 검정 상복을 입었던 것이 아냐

요즘 장례식장에 가면 거의 검은 옷을 입고 있답니다. 왜 그럴까요?

고대 이집트 시대에는 장례식 때 노란색 옷을 입었다고 하네요. 또 로마 시대에는 약간 짙은 파란색 옷을 입었어요. 14~15세기에는 검정, 초록, 진한 파랑 등 여러 색의 옷을 입었어요.

제일 처음 검은 옷을 입은 사람은 1861년 영국 빅토리아 여왕이에요. 빅토리아 여왕은 남편이 죽자 검정 상복을 입고 장례식에 참석했어요. 그리고 자신이 죽을 때까지 검은 옷만 입었다고 하네요. 검정 상복은 여기서 유래해요.

전화기는 멀리 있는 친구의 말을 어떻게 들리게 할까?

전화기
말소리를 전파나 전류로 바꾸어 다른 곳으로 보내고, 다른 곳에서 온 전파나 전류를 다시 말소리로 바꾸어 통화를 하게 하는 장치.

풀리는 궁금증

진동판이 울려 소리로 바뀌는 것

  수화기에 대고 말을 하면 전화기 안에 있는 얇은 알루미늄 진동판이 울려요. 이 진동판에서 울린 진동은 다시 전기 신호로 바뀌어 전화선을 타고 멀리 가는 것이죠. 이렇게 전화선을 타고 상대방 전화기에 도착한 전기 신호는 다시 진동판을 울려 소리로 바뀌는 것이에요. 그때 상대방은 수화기를 통해 목소리를 듣게 돼요. 시외 전화나 국제 전화처럼 아주 먼 거리 통화를 할 때는 중계 교환기가 필요하답니다. 전화국에 있는 중계 교환기는 아주 먼 거리까지 통화할 수 있게 하기 위해 전기 신호를 중간에서 연결해 주는 역할을 하지요.

생활

만화 영화는 어떻게 움직이는 걸까?

만화 영화
영화로 만든 움직이는 만화. 애니메이션 기법으로 촬영함. 애니메이션.

행동 하나하나 일일이 그려야 해요

영화는 움직임을 연속적으로 찍어 두었다가 다시 같은 속도로 비추어 주는 것을 말해요. 보통 1초에 24장면이 지나가는데 만화 영화는 이 하나하나의 장면을 그림으로 그려서 만들어 낸답니다. 그래서 만화 영화를 만들려면 엄청나게 많은 그림이 필요해요. 예를 들어 달식이가 공을 차는 장면을 만화 영화로 표현하려면 이 동작의 연결 장면을 여러 장으로 나누어 그린 다음 이것을 카메라로 찍어 필름으로 만들고 순서대로 필름을 이어야 해요. 그리고 빠르게 필름을 연속적으로 비추면 자연스런 동작이 보여지는 거예요.

띠는 어떻게 정해지나?

띠
태어난 해를 십이지의 동물 이름으로 말할 때의 난 해.

풀리는 궁금증

네가 태어난 해가 어떤 해지?

띠는 12마리의 동물로 되어 있어요. 자 - 쥐, 축 - 소, 인 - 호랑이, 묘 - 토끼, 진-용, 사 - 뱀, 오 - 말, 미 - 양, 신 - 원숭이, 유 - 닭, 술 - 개, 해 - 돼지 등이에요. 이렇게 12마리의 동물이 바로 열두 가지 띠가 되는 거죠.

어떻게 띠가 정해지냐면 자기가 태어난 해가 어떤 동물의 해인가에 따라 결정되는 것이에요. 띠는 불교에서 12가지 동물에게 방향과 시간을 주고 나쁜 기운으로부터 지키고 보호하도록 한 것에서 유래합니다.

세상에서 가장 많이 팔린 책은 무엇일까?

성경
기독교에서 예수의 생애와 업적을 다룬 책. 그 종교의 가르침의 중심이 되는 책.

풀리는 궁금증

성경책은 약 1,735개 언어로 읽혀져

책은 우리에게 많은 지식과 정보를 주고 있어요. 세계에서 **가장 많이 팔린 책은 성경**이에요. 교회에 나가지 않아도 웬만한 가정에서도 성경책 한권쯤은 있기 마련이에요. 성경은 1,735개의 언어로 번역되어 전 세계로 보급되었으며, 1815년에서 1975년 사이만 해도 약 25억 권이 만들어졌다고 하네요.

그리고 **빠른 시간에 가장 많이 팔린 책은 기네스북**이에요. 세계 여러 나라의 진기록을 싣는 기네스북은 1955년 11월에는 세계의 베스트 셀러라는 제목으로 기네스북 자체가 실리기도 했어요.

왜 잔칫날에는 국수를 먹을까?

국수
밀가루나 메밀가루 따위를 반죽하여 얇게 밀어 가늘게 썰거나 국수틀에 눌러 빼낸 식품. 또는 그것으로 만든 음식. 면.

오래오래 행복하게 살아라

우리 나라에서는 오래전부터 국수를 많이 먹었어요.

특히 가난하고 힘든 시절에 밀이나 메밀로 만든 국수로 매 끼니를 해결했던 집들도 많았어요.

잔칫상에는 빠지지 않고 국수가 올라오는데 그 이유는 국수 가닥처럼 길게 **오래오래 행복하게 살라는 뜻**이에요.

생일 잔치 때 국수를 먹는 것도 건강하게 오래 살라는 의미예요.

결혼식 때도 새로 인연을 맺은 부부가 오래도록 행복하게 살라고 국수를 상에 올리는 것이에요.

남한과 북한으로 나뉜 이유는 뭘까?

삼팔선
북위 38°선. 제2차 세계대전 직후 한반도가 남북으로 나뉘게 된 경계선을 이르는 말.

풀리는 궁금증

북한은 소련이, 미국은 한국을

1945년 제2차 세계대전이 끝난 후, 우리 나라는 일본으로부터 해방이 됐어요.

카이로 회담에서 세계 강대국들은 우리 나라가 하나의 주체를 가진 독립 국가로 보기 어렵다고 결정했어요.

그 당시에는 미국과 소련이 대립하던 시기였는데 미국과 소련은 우리 나라를 서로 통치하기 위해 한 발자국도 양보하지 않았어요. 결국 북위 38도선을 경계로 하여 소련은 북한을, 남한은 미국이 들어오게 되면서 국토 분단의 비극이 시작되었어요. 앞으로 우리가 해야 할 일은 남한과 북한이 통일하는 것이에요.

지구·자연·우주의 신비
우리가 살고 있는 지구·우주·자연에 대한 신비로운 지식 이야기

질문

92 애드벌룬을 타고 우주 여행을 할 수 있을까? · 204

93 빙산은 바닷물이 얼어서 된 것일까? · 206

94 지구가 도는 것을 사람들은 왜 느끼지 못할까? · 208

95 바닷물은 왜 짤까? · 210

96 산은 평지보다 왜 기온이 낮을까? · 212

질문

97 눈이 만들어지는 데는 얼마나 걸릴까? · 214

98 태양이 빛나는 이유는? · 216

99 달에서는 왜 생명체가 살지 못할까? · 218

100 우주의 함정, 블랙홀의 정체는? · 220

101 남극과 북극에 있는 얼음이 모두 녹으면 어떻게 될까? · 222

질문

102 바람은 왜 불까? · 224
103 해일은 왜 생기는 걸까? · 226
104 인공위성은 어떤 일을 할까? · 228
105 아주 옛날에는 지금의 대륙들이 하나의 땅덩어리
    였다는데 정말일까? · 230
106 화성은 어떤 별일까? · 232

질문

107 밤하늘의 별들이 반짝이는 이유는 뭘까? · 234
108 인간의 달 착륙에 대한 꿈은 어떻게
    이루어졌을까? · 236
109 별은 어떻게 해서 생겨날까? · 238
110 썰물과 밀물은 왜 생길까? · 240
111 번개는 왜 지그재그 모양일까? · 242

질문

112 사람이 태풍에 날아가려면 바람이 얼마나 세게 불어야 하나? · 244

113 구름은 하늘에 어떻게 떠 있을까? · 246

114 번개는 왜 칠까? · 248

115 정말 번갯불에 콩을 볶아 먹을 수 있을까? · 250

116 사막은 왜 물이 없고, 뜨거울까? · 252

질문

117 계절은 왜 바뀌나? · 254

118 우주비행사들은 왜 두꺼운 옷과 헬멧을 쓸까? · 256

119 석유는 어떻게 생겨난 걸까? · 258

120 지구는 왜 둥글까? · 260

121 신기루란 무엇일까? · 262

122 새벽 유리창에 왜 이슬이 맺힐까? · 264

 92

애드벌룬을 타고 우주 여행을 할 수 있을까?

애드벌룬
공기를 뜨겁게 달궈 커다란 풍선을 하늘로 띄우는 기구.

풀리는 궁금증

애드벌룬이 터져 버렸어

 풍선을 타고 하늘을 날아다닌다면 얼마나 좋을까요?

 애드벌룬이 공중에 뜨는 것은 **공기보다 가벼운 수소를 넣기 때문**이에요. 애드벌룬이 높이 올라갈수록 공기는 점점 줄어들어요. 애드벌룬 속에 들어있는 수소의 압력은 변하지 않는데 대기의 압력은 점점 작아져서 기구안과 바깥 공기의 압력 차이로 인해 **애드벌룬은** 마침내 **뻥 터져 버리고** 말아요.

 터지지 않는다고 해도 우주는 진공 상태이므로 **수소 쪽이 무거워져** 더 이상 올라 갈 수 없답니다.

빙산은 바닷물이 얼어서 된 것일까?

빙산
남극이나 북극의 바다에 떠 있는 거대한 얼음덩이. 바다로 밀려 내려온 빙하가 갈라져 생김.

풀리는 궁금증

빙하가 바다에 떠 있다고

 북극과 남극에는 빙산이 바다에 둥둥 떠 있어요. 북극과 남극은 눈이 많이 내린 데다 아주 춥기 때문에 눈이 녹지 않고 계속 쌓여 단단한 얼음덩이가 되는데 바로 만년설이죠. 만년설 위에 계속 눈이 쌓이면 그 무게를 견디지 못하고 눈은 서서히 낮은 곳으로 흘러내리는데 이것을 빙하라고 해요. 빙산이란 이 빙하가 바다로 떠밀려 와 떠 있는 것을 말해요.

 빙산은 겉으로 나와 있는 것이 전체의 9분의 1정도 밖에 안 돼요. 빙산의 일각이라는 말이 여기서 생겼어요.

지구가 도는 것을 사람들은 왜 느끼지 못할까?

지구
인류가 살고 있는 천체. 태양계에 딸린 행성의 하나로 지각·맨틀·핵의 세 부분으로 이루어졌으며, 지표는 엷은 대기층으로 싸여 있음.
자전하면서 태양의 세 번째 궤도를 공전함.

풀리는 궁금증

지구의 인력이 우리 몸을 잡아당긴다

 지구가 태양을 중심으로 도는 속도는 초속으로 약 365m라고 합니다. 더 쉽게 설명하면 똑딱! 하는 동안 내가 서 있는 땅이 365m나 돌고 있는 셈이에요. 지구는 약 1.5억Km나 떨어진 태양을 중심으로 돌고 있어요. 지구가 태양을 한 바퀴 돌면 1년이에요. 이렇게 빠른 속도로 지구가 태양을 중심으로 돌고 있는데 우리가 움직임을 전혀 느끼지 못하는 이유는 지구의 인력이 크기 때문이에요. 즉 우리 몸을 지구가 큰 힘으로 끌어당기고 있기 때문에 지구가 도는 것을 전혀 느끼지 못하는 것이에요.

바닷물은 왜 짤까?

바닷물
바다의 짠 물. 해수, 해조.

암석 속에서 염분이

바닷물을 입에 대 보면 짠 맛을 느낄 수 있어요. 그것은 바닷물에 소금이 녹아 있기 때문이에요. 염전에서는 바닷물을 이용해 하얀 소금을 만들어 팔아요.

바닷물 속에 들어 있는 소금을 모두 합하면 지구를 150m의 두께로 덮고도 남는다고 해요.

이렇게 많은 소금이 도대체 어디에서 나오는 걸까요? 여기에는 두 가지 이론이 있어요. 첫 번째는 암석 속에서 염분이 녹아 나왔다는 이론이고 두 번째는 지구의 내부에서 스며 나오는 물에 염분이 섞여 있다는 이론이에요.

산은 평지보다 왜 기온이 낮을까?

팽창
질량이 일정하게 유지되면서 물체의 부피가 늘어남.

팽창한 공기는 냉각되어요

산 꼭대기에 올라가면 태양에 가깝기 때문에 땅보다 온도가 더 높을 것 같지만 실제로 땅보다 더 낮아요.

왜냐하면 태양에서 나오는 열은 우선 땅을 덥히고, 땅이 따뜻해지면 공기가 덥혀져요. 따뜻해진 공기는 가벼워지거든요.

가벼운 물체가 위로 떠오르듯 공기도 가벼워져 바람을 타고 위로 떠다니게 돼요. 그런데 위로 올라 갈수록 기압이 낮기 때문에 공기가 팽창하게 돼요.

팽창한 공기는 냉각되는 속성을 갖고 있어요. 그래서 높은 곳에 있는 공기는 땅에 있는 공기보다 차답니다.

눈이 만들어지는 데는 얼마나 걸릴까?

대기
지구 중력에 의해 지구 둘레를 싸고 있는 기체. 공기.

풀리는 궁금증

눈은 대기 속의 수증기가 얼어서 내리는 것

날씨가 추우면 눈이 내립니다. 하얀 눈을 보면 기분도 좋아지죠.

눈은 어떻게 만들어질까요?

눈은 대기 속의 수증기가 얼어서 내리는 것이에요. 여름에는 수증기가 비로 내리지만 날씨가 추워지면 수증기는 얼어서 눈이 되어 땅 위로 떨어지게 돼요. 대기 속에서 **빗방울이 눈이 되는 데에 걸리는 시간은 약 10분 정도**예요. 또한 눈의 모양은 대기의 온도에 따라 그 생김새가 달라집니다.

태양이 빛나는 이유는?

기체
일정한 모양이나 부피가 없고 자유로이 움직이는 물질. 공기, 가스 등.

풀리는 궁금증

표면의 불규칙한 활동 때문

 태양은 지구에서 약 1억 4,960km쯤 떨어진 거리에서 끊임없이 빛과 열을 방출하고 있는 둥근 기체 덩어리예요. 태양이 그렇게 멀리 있으면서도 커다랗게 보이는 것은 우리가 살고 있는 지구보다 약 109배나 크기 때문이에요. 태양의 온도는 거의 1,648만 도라고 해요. 압력이 커서 대부분 수소와 헬륨으로 이루어져 있는 핵심부의 기체들은 납의 14배나 되는 밀도로 압축되어 있어요.

 태양의 내부 온도는 수백만 도가 넘는데, 표면의 불규칙한 활동 때문에 엄청난 빛과 열을 쏟아내고 있어요.

지구·자연

달에서는 왜 생명체가 살지 못할까?

달
기온의 변화가 심하고 중력은 지구의 1/4밖에 되지 않음. 공기가 없음
달의 하루는 낮과 밤이 각각 14번씩 지나야 함.

공기도 물도 없어요

아주 오래전부터 사람들은 달에 대한 환상을 갖고 있었어요. 계수나무 아래서 토끼가 방아를 찧는다는 둥, 달에서도 생명체가 살고 있을 거라는 막연한 생각도 했어요.

그런데 여러 차례 달 탐사를 해본 결과 달에서는 **어떤 생물도 살 수 없다는 것을 알았**어요. 달에는 숨쉴 수 있는 공기도 없고, 물도 없고 기온차가 심해서 어떤 생물도 살아남기 어렵다는 것을 말이죠.

낮에는 섭씨 120도까지 올라가고 밤에는 영하 125도까지 내려가니 생명체가 산다는 것은 불가능 해요. 무엇보다 생물체는 물 없이 살 수 없거든요.

우주의 함정, 블랙홀의 정체는?

블랙홀
항성이 진화의 최종 단계에서 폭발한 결과, 초고밀도·초강중력을 갖게 되어 빛이나 물체 따위가 그곳으로 들어가면 탈출할 수 없다는 가설적인 우주 영역.

풀리는 궁금증

무엇이든 빨아들이는 무서운 별

천문학계에 등장한 블랙홀이라는 정체는 우주를 아주 놀라게 했어요. 70년대 초에 지구에서 600광년이나 떨어져 있는 백조자리에 보통의 별과 다른 전파가 미국의 인공위성에 잡혔어요. 이는 곧 엑스선으로 판명되었고 동시에 블랙홀로 밝혀졌죠.

블랙홀은 내부의 끊임없는 핵융합 반응을 일으켜서 얻은 에너지로 빛을 발산해요. 태양의 몇 배가 넘는 블랙홀은 자체의 엄청난 질량 때문에 폭발하지도 못해요. 또한 밀도와 중력이 엄청나서 근처의 모든 물질들을 빨아들이고 있어요.

101

남극과 북극에 있는 얼음이 모두 녹으면 어떻게 될까?

남극 : 지구의 남쪽 자침의 끝. **북극** : 지구의 자전축의 북쪽 끝의 지점.

풀리는 궁금증

배를 타고 다녀야

남극과 북극에는 많은 얼음이 있어요. 그 밖에도 여러 곳에 얼음이 있는데, 이 얼음들이 모두 녹으면 지구는 어떻게 될까요?

남극 대륙에 약 88%의 얼음이 있고, 그린란드에 11%가 있어요. 나머지 1%는 북극해의 섬들과 그 일대, 그리고 히말라야와 알프스 지대의 산에 있어요.

이 모든 얼음과 눈이 녹는다면 현재 바다의 수면은 약 66m 정도 위로 솟아오르게 돼요. 지구는 물바다가 되고 서울에서는 남산과 북한산, 그리고 아주 높은 초고층 빌딩들만 겨우 머리를 드러내고 있을 거예요.

그렇게 되면 배를 타고 다녀야 겠죠?

102

바람은 왜 불까?

지면
땅의 표면. 땅바닥.

풀리는 궁금증

공기가 움직이고 있네

 나뭇잎이 흔들리고 머리카락이 날리는 것을 보면 바람이 불고 있다는 것을 알 수 있어요. 눈에 보이지 않는 바람의 정체는 무엇일까요? 바람은 공기가 움직이는 모습이에요.

 공기는 끊임없이 움직이고 있는데 그 움직임이 클 때 우리는 바람이 분다고 해요.

 왜 공기는 끊임없이 움직일까요? 그것은 태양과 관계있어요. 팽글팽글 돌아가는 지구를 태양이 비추고 따뜻해진 지면은 공기를 데우고, 데워진 공기가 위로 올라가면 찬 공기가 그 빈자리를 채우게 되면서 바람이 생기게 되는 것이에요.

지구·자연

해일은 왜 생기는 걸까?

해일
지진이나 화산의 폭발, 폭풍우 따위로 인하여 갑자기 큰 물결이 일어 해안을 덮치는 일.

깊은 바다 밑에서 지진이 일어났다

항구를 덮치고 커다란 재해를 일으키는 큰 파도를 해일이라고 해요.

해일은 태풍이나 화산 폭발에 의해서도 일어나는데 일반적으로 해일이라고 하면 지진이 원인이 되어 일어나는 큰 파도를 말하는 것이에요.

해일은 깊은 바다 밑에서 지진이 일어나면 바다 밑이 꺼지거나 높이 들뜨는데, 그 주의의 물이 패어 들어가거나 파도가 생기는 것을 말해요.

인공위성은 어떤 일을 할까?

인공위성
온 세계를 둘러싸고 있는 공간. 천문학에서 천체를 비롯한 만물을 포용하는 물리학적 공간을 말함.

우주를 과학적으로 조사

인공위성은 지구에서 하늘로 쏘아 올려 달처럼 지구 주위를 돌도록 만든 물체예요.

초기의 인공위성은 과학 관측 장치를 싣고 우주를 과학적으로 조사하는 목적으로 만들어졌어요. 태양으로부터의 방사선이나 지구의 자장, 초고층의 대기 등에 관한 여러 가지를 관측했어요.

그 다음으로는 우리 생활에 도움이 되는 실용위성을 많이 쏘아 올렸어요.

실용위성은 기상위성, 통신위성 등에 활용되었고, 그 밖에 배나 비행기를 위한 항해위성 지도를 만드는 데 필요한 측지위성 등을 만드는데 활용되고 있어요.

아주 옛날에는 지금의 대륙들이 하나의 땅덩어리였다는데 정말일까?

대륙
크고 넓은 땅. 바다로 둘러싸인 지구상의 커다란 육지.

풀리는 궁금증

모든 땅덩어리가 붙어 있었다고?

약 2억 년 전에는 지금의 모든 대륙들이 거대한 하나의 땅으로 연결되어 있었다고 해요. 왜냐하면 아프리카의 서해안을 살펴보면 기니아, 콩고 지방 부분이 오목하게 들어가 있고, 남미 대륙의 동해안은 브라질의 레시페 근처가 돌출해 있었어요. 이 두 곳을 잘라서 맞추어 보았더니 정확히 들어맞았어요. 아라비아 반도, 인도 반도, 마다가스카르의 섬, 오스트레일리아 대륙, 남극 대륙 등을 아프리카의 동해안으로 끌어다 붙이니 하나의 완벽한 대륙이 되었어요. 이것으로 세계가 거대한 땅덩어리였다는 것을 추정할 수 있었어요.

화성은 어떤 별일까?

화성
태양계에서 지구의 바로 바깥쪽에서 타원형의 궤도로 태양의 주위를 돌고 있는 넷째 행성. 공전 주기는 1.9년으로 두 개의 위성을 거느리고 있음.

밝은 지역은 대륙, 어두운 부분은 물

화성은 지구의 바로 바깥을 도는 빨간색의 혹성이에요. 화성은 2년 2개월마다 지구와 점점 가까워지는데, 궤도가 타원형이기 때문에 15년~17년째마다 지구에 가깝게 접근해요. 이것을 화성의 대 접근이라고 불러요. 화성 표면의 4분의 3은 밝은 지역이며, 나머지는 색이 뚜렷하지 않은 어두운 지역이에요. 밝은 지역은 대륙인데 화성에 물은 없지만 어두운 부분은 바다라고 불리고 있어요.

궁금한 건 못 참아 107

밤하늘의 별들이 반짝이는 이유는 뭘까?

별
태양·지구·달을 제외한 천체.

공기의 흐름이 크기 때문

별이 반짝이는 것처럼 보이는 것은 지구를 둘러싸고 있는 공기의 흐름 때문이에요.

그러니까 별 자체가 빛을 강하게 냈다, 약하게 냈다 하는 것이 아니라 날씨가 맑고 바람이 많이 부는 날은 별들이 유난히 더 반짝이게 보이는 것이지요. 이런 날은 공기의 흐름이 크기 때문이에요.

밤하늘에 반짝이는 별은 붙박이별이에요. 화성이나 금성과 같은 떠돌이 별은 지구와 거리가 가까워서 공기의 흐름에 영향을 받지 않으므로 그냥 빛을 낼 뿐 깜빡거리지는 않아요.

 108

인간의 달 착륙에 대한 꿈은 어떻게 이루어졌을까?

성조기
미국의 국기. 현재의 주를 상징하는 50개의 별과, 독립 당시의 주를 상징하는 열세 줄의 붉은 줄과 하얀 가로줄이 그려져 있음.

풀리는 궁금증

아폴로 11호 최초 달 착륙

달 착륙은 미국의 새턴 5형 아폴로 11호에 의해 이루어졌어요. 아폴로 11호는 1969년 7월 16일에 암스트롱, 올드린, 콜린즈 세 명의 우주 비행사를 태우고 달을 향해 출발했어요. 이들이 내린 달에는 태양이 막 떠오르고 45억 년 전의 신비를 고스란히 간직하고 있었죠. 암스트롱은 달에 첫발을 딛고 나서 "이것은 한 사람에게는 작은 걸음이지만, 인류에게는 거대한 비약이다"라고 첫 소감을 밝힌 뒤 두 번째로 달을 밟은 올드린과 태양풍 관측기, 레이저광선 반사 장치, 지진계를 설치하고 미국의 성조기를 꽂았어요.

별은 어떻게 해서 생겨날까?

우주먼지
우주 공간에 널려 있는 아주 작은 물질.

풀리는 궁금증

우주의 먼지들이 별로 탄생

별과 별 사이에 떠 있는 매우 엷은 가스, 혹은 우주 먼지들이 모여서 새로운 별을 만들어요. 처음에는 조그마한 덩어리였던 것이 차츰 서로를 끌어당겨 큰 덩어리가 되는 것이지요. 처음의 가스는 온도가 낮아 모여도 새까맣기 때문에 보이지 않아요.

다행히 뒤에 밝은 가스 구름이 있으면, 스크린에 비치는 그림자와 같이 되어, 검고 작은 덩어리가 보이며 실제로 우주의 여기저기에 검고 둥근 덩어리가 별과 같은 크기가 되어 별이 탄생하는 것이에요.

썰물과 밀물은 왜 생길까?

썰물 : 바닷물이 주기적으로 밀려 나가는 현상. **밀물** : 바닷물이 일정한 때에 해안으로 밀려 들어오는 현상. 하루에 두 번씩 밀려 들어옴.

풀리는 궁금증

지구의 인력 때문

지구에는 인력이라는 것이 있어요.

인력이란 물건이 서로 끌어당기는 힘을 말하는데, 바닷물이 늘어났다 줄어들었다 하는 것도 인력과 관계 있어요.

바닷물이 늘어났다 줄어들었다 하는 것은 달이 바닷물을 잡아당기기 때문이에요. 달이 지구 주위를 돌고 있는 것도 지구가 달이 달아나지 못하도록 잡아당기고 있어서 그래요. 마찬가지로 달도 작은 힘으로 지구를 잡아당기고 있어요.

그래서 바닷물은 달이 끄는 힘이 강한 곳은 밀물이 되고, 달이 끄는 힘이 약한 곳은 썰물이 되는 거예요.

지구·자연

번개는 왜 지그재그 모양일까?

방전
전기가 방출되는 현상. 기체 따위의 절연체를 통하여 양극 간에 전류가 흐르는 것을 말함.

빠른 길로 가자

번개는 전기가 마찰할 때 일어나는 현상이에요. 전기는 방전될 때 +에서 -로 이동할 때 빠른 길로 움직이려는 습성이 있어요.

빠른 길이란 우리가 눈으로 인식하는 빠른 길이 아니예요. 쉽게 설명하면 강물이 구불구불하게 흐르는 경우와 같아요. 우리가 보기에 강물이 직선으로 흐르면 빨리 흐를 수 있을 텐데 그렇지 않은 것은 강물 나름대로 쉬운 길을 찾아서 흐르기 때문이에요. 공기도 전류가 잘 통하는 길이 따로 있어요. 빠른 길로 가기 위해 구불구불한 대기를 관통해 지면으로 가는 것이죠. 번개 모양이 지그재그인 것도 이 때문이에요.

 112

사람이 태풍에 날아가려면 바람이 얼마나 세게 불어야 하나?

태풍
열대성 저기압 중 최대 풍속. 매 초 17m 이상 되는 것을 말함.

풀리는 궁금증

바람이 기차도 삼킨다고?

바람 속도가 15m면 엉성하게 걸려 있던 거리의 간판들이 떨어져 내린대요.

20m면 걸어다니기 힘이 들어요. 25m면 기왓장들이 공중비행을 하듯 날아가 꽂히고 30m면 창문이 떨어져 내리고, 낡은 집이 무너질 수도 있어요.

35m면 달리던 기차가 탈선할 수도 있어요. 이렇게 바람이 세게 부는 날에는 태풍경계령을 내려 기차를 쉬게 해야겠죠? 바람을 무시하고 달렸다가 대형 사고가 날 수 있어요.

40m면 어린이도 날아 갈 수 있어요. 이런 날은 외출을 삼가해야죠.

지구·자연

113

구름은 하늘에 어떻게 떠 있을까?

입자
물질을 이루는 매우 작은 낱낱의 알갱이.

바람에 날려 위아래로 움직여

구름을 구성하고 있는 물방울이나 얼음 덩어리는 매우 작아서 직경이 1mm의 백분의 일 정도밖에 되지 않아요.

무게도 백만 개 정도가 모여야 겨우 1g정도예요. 이렇게 가볍기 때문에 조용한 공기 속에서도 1초에 몇 cm밖에 떨어지지 않아요. 구름 속에서는 끊임없이 바람이 불고 공기가 움직이기 때문에 구름 입자들은 계속해서 바람에 날려 위아래로 움직이고 있는 것이에요.

그래서 구름은 떨어지지 않고 언제나 공중에 둥둥 떠 있을 수 있어요.

번개는 왜 칠까?

굴절
빛이나 소리 따위가 한 매체에서 다른 매체로 옮겨질 때, 경계면에서 진행 방향이 바뀌는 일. 꺾임.

풀리는 궁금증

공기의 진동이 바로 천둥

번개 하면 빼놓을 수 없는 짝꿍이 있는데 바로 천둥이에요. 찌지직 하는 불빛 뒤에 '우르르 꽝꽝' 대지를 요동시키는 소리가 천지를 뒤덮지요. 번개는 공기 속에서 순식간에 많은 전기가 흐르면서 나타나는 현상이에요. 그 통로에 태양보다 약 4배나 뜨거운 열을 발생시켜요. 이 열은 주변 공기를 급격히 팽창시켰다가 수축시키는데 이때 **공기의 진동이 발생해요. 이 진동이 바로 천둥**이에요. 천둥이 오랫동안 울리는 것은, 벼락이 칠 때 공기 온도가 장소에 따라 크게 달라지므로 소리가 굴절되거나 반사해 서로 다른 길을 통과하기 때문이에요.

지구·자연

정말 번갯불에 콩을 볶아 먹을 수 있을까?

번갯불
번개의 불빛.

풀리는 궁금증

번쩍하는 순간이 두 달 전기료

 번쩍! 하고 한 번 빛을 내는 번개의 온도는 자그마치 2~3만 도나 되고, 전류의 세기는 2~3만 암페어 정도 된다고 해요.

 에너지로 환산하면 한 시간에 300킬로 와트에 해당하는 양으로, 보통 가정집에서 약 2개월 동안 사용할 수 있는 전력량에 해당되지요.

 그렇다면 번갯불에 콩을 볶아 먹을 수 있을까요? 실제로 번갯불에 콩이 닿으면 순식간에 까맣게 타버리고 말 거예요.

지구·자연

116

사막은 왜 물이 없고, 뜨거울까?

사막
강수량이 적고 식물은 거의 자라지 않으며, 자갈과 모래로 뒤덮인 매우 넓은 불모의 땅.

숲이나 초원이 있었으면 좋겠어

사막에는 비가 아주 적게 내려요. 어떤 곳은 전혀 내리지 않는 곳도 있어요. 또 내리는 양보다 증발해 버리는 양이 훨씬 많아요. 사막의 땅은 메말라 있기 때문에 물을 흡수하지 못해요. 즉, 사막은 비가 적게 내리는 데다가 강수량보다 증발량이 많아 물이 없는 거지요. 사막은 태양열을 많이 받는데도 이를 흡수할 숲이나 초원이 없기 때문에 낮에는 정말 뜨거운 것이죠. 그런데 밤이면 서리가 내릴 정도로 추워져요. 태양열을 낮에 모두 반사해 버렸기 때문이죠. 사막은 어떤 장소보다도 낮과 밤의 기온차가 크다고 해요.

117

계절은 왜 바뀌나?

공전
한 천체가 다른 천체의 둘레를 주기적으로 도는 일. 행성이 일정한 주기로 태양 둘레를 도는 일. ↔자전.

풀리는 궁금증

지구는 1년에 한번 공전을

 지구의 남극점과 북극점을 잇는 자전축은 23.5도 기울어져 있어요. 지구는 자전축을 기준으로 매일 스스로 돌아가고 있는데(자전) 그전 상태로 태양의 둘레를 커다랗게 빙 돌고 있어요(공전). 한 바퀴 도는데 걸리는 시간은 일 년이에요. 이렇게 지구가 공전하지 않는다면 지구에는 사계절이 없을지도 몰라요. 자전축이 기울어진 채 공전을 하게 되면 지구에 태양이 비치는 각도가 달라지게 되어 태양열을 많이 받는 지역과 덜 받는 지역이 생기는 거죠. 태양열이 많이 받는 지역은 여름이 되고, 적게 받는 지역은 겨울이 되는 거예요.

궁금한 건 못 참아 118

우주 비행사들은 왜 두꺼운 옷과 헬멧을 쓸까?

헬멧
쇠나 플라스틱으로 만들어 충격으로부터 머리를 보호하기 위하여 쓰는 투구 모양의 모자.

풀리는 궁금증

자유롭게 활동하고 몸을 보호하기 위해

우주에는 더위와 추위를 조절하는 공기가 없어 날씨가 매우 춥고, 사방이 깜깜해요.

빠른 속도로 날아 다니는 우주 먼지와 각종 해로운 물질들이 우주 비행사들을 위협하기도 해요. 또 우주를 탐사하다가 작은 행성들과 충돌할 수도 있어요.

따라서 우주 비행사는 우주 공간에서 자유롭게 활동하고, 몸을 보호하기 위해 튼튼한 우주복과 헬멧을 써야 하는 거예요.

석유는 어떻게 생겨난 걸까?

화석
지질 시대에 살던 동식물의 유해 및 유물이 퇴적암 따위 암석 속에 남아 있는 것.

화석으로 석유를 만들어

 농산물을 재배할 때 필요한 비료, 농약, 살충제 등에도 석유가 들어가고, 비닐, 필름, 나일론 등의 합성 섬유도 석유로 만들며, 자동차도 석유로 움직여요. 만약 석유가 없다면 대부분의 산업은 없어지게 되고 교통은 마비가 올 거예요. 이렇게 중요한 석유의 자원은 무엇일까요?

 아주 오래전에 바다에 살던 작은 동식물들이 죽어서 바다 밑에 쌓이게 되었어요. 그 위에 모래와 진흙이 쌓여 단단한 암석이 되는 거죠. 이 동식물의 층은 암석의 무게와 지구에서 나오는 열로 인해 오랜 세월이 흐른 뒤 석유로 변한 거예요. 즉, 석유는 바다에 살던 동식물의 시체가 쌓여서 변한 화석이에요.

 120

지구는 왜 둥글까?

중력
지표 부근의 물체를 지구의 중심 방향으로 끌어당기는 힘.

풀리는 궁금증

엄청나게 큰 중력 때문에

지구는 무게가 자그마치 598톤의 1000만 배나 돼요. 이렇게 엄청난 무게 때문에 그만큼 지구의 중력은 클 수밖에 없어요.

지구가 **둥근 것도 엄청나게 큰 중력 때문**이에요. 지구는 자기 자신의 중력을 이기지 못해서 그 내부가 큰 압력으로 눌리게 되고, 그 결과 공처럼 둥근 모양을 하게 되는 것이에요.

이렇게 지구가 둥글다는 것을 처음 발견하고 발표한 사람이 갈릴레이에요.

신기루란 무엇일까?

밀도
어떤 면적이나 부피를 차지하고 있는 물질의 빽빽한 정도.

빛이 휘어지는 현상

사막을 걷던 사람이 물을 발견하고 기뻐 물이 있는 곳으로 뛰어가 보면 물은 없고 사방으로 펼쳐진 모래뿐이었어요. 분명 물처럼 보였는데 모래산 뿐이였다는 거죠. 왜 이런 현상이 발생할까요? 이것은 신기루 때문이에요. 신기루는 **사막에서 생기는 일종의 기상 현상**이에요. 모래를 뜨겁게 달군 뜨거운 공기는 찬 공기보다 밀도가 낮아요. 똑바로 와야 할 빛이 땅 쪽으로 휘어지게 되죠. 신기루란 땅의 온도가 급격히 올라가 빛이 휘어지는 정도가 심해졌을 때, 파란 하늘이 땅 위에 비치게 되는데 이것을 물이 고여 있는 것으로 착각하게 되는 현상이에요.

새벽 유리창에 왜 이슬이 맺힐까?

수증기
물이 증발하여 생긴 기체, 또는 기체 상태로 되어 있는 물.

풀리는 궁금증

갈 곳이 없는 수증기들

우리가 들이마시는 공기 속에는 수증기가 포함돼 있어요. 공기 중의 수증기는 온도에 따라 정해진 양 만큼만 들어 있어요.

낮에는 날씨가 따뜻하기 때문에 공기 속에 많은 물방울이 있지만 해가 지고 온도가 내려가면 적은 양의 수증기를 가지고 있을 수밖에 없어요. 이렇게 되면 남은 수증기들은 공기 속에 머물 수 없게 돼요.

결국 갈 데가 없어진 수증기들이 똘똘 뭉쳐서 물방울이 되는 거예요.

지구·자연

인체의 신비
우리 몸에 대한 풍부한 지식 이야기

123 감기에 걸리면 왜 콧물이 날까? · 270
124 사람의 키는 무한정 자랄까? · 272
125 가장 높은 온도와 가장 낮은 온도는? · 274
126 아기가 태어나면서 울음을 터뜨리는 이유는? · 276
127 땀을 흘리고 나면 왜 갈증이 날까? · 278

128 눈은 둘인데 물체는 왜 하나로 보일까? · 280
129 병에 걸리면 왜 몸에 열이 날까? · 282
130 서양사람은 눈이 왜 파랄까? · 284
131 인종에 따라 피부색이 다른 이유는? · 286
132 추울 때는 왜 입김이 하얗게 보일까? · 288

133 소변을 보고 나면 몸이 부르르 떨리는 이유는? · 290
134 땀은 왜 나올까? · 292
135 간은 어떤 일을 할까? · 294
136 머리카락은 얼마나 빨리 자랄까? · 296
137 상처에 소독약을 바르면 왜 거품이 날까? · 298

138 손톱은 왜 잘라도 아프지 않을까? · 300
139 밥을 먹고 나면 졸음이 오는 이유는? · 302
140 밝은 곳에서 갑자기 어두운 곳으로 들어가면 왜 아무 것도 보이지 않을까? · 304
141 뱅뱅 돌다가 멈추면 왜 어지러울까? · 306
142 대머리는 왜 남자에게만 있을까? · 308

143 뇌에 주름이 많을수록 정말 지능이 높을까? · 310
144 왼손보다 오른손잡이가 많은 이유는? · 312
145 추울 때 왜 소름이 돋을까? · 314
146 산소는 어디에서 올까? · 316
147 충치는 왜 생길까? · 318

질문

148 피는 왜 빨간 색일까? · 320
149 지문이 범죄 수사에 사용되는 이유는? · 322
150 추운 날은 왜 오줌이 자주 마려울까? · 324
151 색맹이란 어떤 것일까? · 326
152 상처가 곪는 이유는? · 328
153 머리카락은 왜 희어질까? · 330

질문

154 피가 우리 몸을 도는 까닭은? · 332
155 머리카락 수는 모두 몇 개나 될까? · 334
156 피는 나오다가 왜 곧 굳어질까? · 336
157 눈은 왜 깜빡일까? · 338
158 사람의 골 속에는 몇 개의 신경 세포가 있을까? · 340

질문

159 모기에게 물리면 왜 가려울까? · 342
160 마취를 하면 왜 아프지 않을까? · 344
161 단 음식을 많이 먹으면 왜 눈이 나빠질까? · 346
162 음식을 먹은 후 금방 달리면 왜 배가 아플까? · 348
163 의사 선생님은 왜 맥박을 잴까? · 350

164 감기는 왜 면역성이 안 생길까? · 352
165 어린아이의 뼈와 어른의 뼈 수가 다르는 데 정말일까? · 354
166 예방주사를 맞은 날에는 왜 목욕하면 안 될까? · 356
167 녹음된 목소리는 왜 다르게 들릴까? · 358
168 머리를 세게 부딪힐 때 반짝이는 별은 어떤 별일까? · 360

169 공포 영화를 보면 실제로 체온이 내려가나? · 362
170 가위에 눌리는 이유는 뭘까? · 364
171 A형 B형 AB형 O형 알파벳의 뜻은? · 366
172 산 위에 올라갔다 오면 왜 기분이 좋아질까? · 368
173 꿈은 왜 꿀까? · 370

174 방귀를 참고 참으면 어떻게 될까? · 372
175 기절은 왜 할까? · 374
176 사람은 왜 죽을까? · 376
177 맛있는 음식을 보면 왜 침이 나올까? · 378
178 배꼽은 왜 있을까? · 380
179 어릴 때는 왜 이가 흔들리고 빠지는 걸까? 382

감기에 걸리면 왜 콧물이 날까?

바이러스
보통의 현미경으로는 볼 수 없을 정도의 미생물. 유행성 감기, 천연두 따위의 병원체임.

풀리는 궁금증

바이러스가 죽은 세포 덩어리

감기는 가장 잘 전염되는 병의 하나예요. 원인은 바이러스가 몸 속에 들어가서 걸리게 되는 거구요.

감기에 걸리면 코가 막히거나 콧물이 흐르고, 목이 아프기도 하고 재채기도 나와요. 바이러스가 코의 점막에 침범하면 그 부분의 조직은 염증을 일으켜 붓거나 충혈 되는데 이것은 바이러스를 죽이려고 하는 조직의 활동 때문이에요.

콧물은 바이러스가 번식하면서 죽은 세포의 찌꺼기예요.

인체

사람의 키는 무한정 자랄까?

뼈
척추동물의 얼개를 이루어 몸을 받치고 있으며, 골세포와 그 사이를 채우는 기질로 이루어진 단단한 조직.

무거운 것은 싫어요

뼈는 쇳덩어리가 아니예요.

사람의 뼈는 700kg 이상의 무게를 견딜 수 없다고 해요. 그래서 키가 무한정 자란다 해도 4m 이상은 클 수 없어요.

키가 4m 정도까지 큰다면 아마 자신의 체중을 견디지 못하고 뼈가 부러지고 말 거예요.

지금까지 키가 3m를 넘는 사람이 단 한 명도 나타나지 않았던 가장 큰 이유는 바로 그 때문이에요.

가장 높은 온도와 가장 낮은 온도는?

영하
온도계가 가리키는 온도가 섭씨 0°C 이하임을 나타내는 말.

절대 0도는 영하 273도

태양 표면의 온도는 섭씨 6천 도 정도예요. 넓은 우주에는 태양보다도 뜨거운 별이 많아요. 그런 별들 중에는 내부 온도가 약 섭씨 20억 도나 되는 뜨거운 별도 있어요.

인간이 만들 수 있는 가장 높은 온도는 섭씨 **약 4천만 도**예요. 이 온도는 수소폭탄이 폭발하는 순간의 온도를 말해요.

가장 낮은 온도는 영하 273도예요. 이 온도를 가리켜 절대 0도라고 불러요. 절대 0도에서는 분자가 운동을 하지 못하고 완전히 정지된 상태예요.

아기가 태어나면서 울음을 터뜨리는 이유는?

산성
갓 낳은 아이의 첫 울음 소리.

풀리는 궁금증

탯줄이 끊기면서 응애!

아기가 태어나서 응애, 하고 우는 것을 '산성'이라고 해요. 이 산성은 아기 스스로 호흡을 시작했다는 증거예요.

뱃속에 있을 때 아기는 스스로 숨을 쉬는 것이 아니라 탯줄을 통해 산소, 영양분, 혈액까지 공급을 받아요. 탯줄이 끊기면서 아기가 울음을 터뜨리는데 이것은 탯줄을 통해 공급 받던 산소를 공급 받을 수 없게 돼서 산소가 중단되고 수축해 있던 폐가 공기를 빨아들였다가 내보내면서 아기가 울음을 터뜨리는 것이에요.

인체

땀을 흘리고 나면 왜 갈증이 날까?

체액
몸에서 움직일 수 있는 액체를 통틀어 이르는 말. 혈액·임파액·뇌척수액 등.

풀리는 궁금증

체액 속의 염분의 농도가 진해져

 사람의 몸은 약 70%가 물로 구성되어 있어요. 물론 순수한 물은 아니에요. 다시 말해 우리 몸 속에 들어 있는 물은 소금기가 섞인 식염수라고 할 수 있어요. 날씨가 덥거나 운동을 한 후 갈증을 느끼는데 그것은 우리 몸에 있는 수분 속에 들어 있는 염분과 관계가 있어요.

 우리 몸의 체액에 들어 있는 염분은 항상 일정한 농도를 유지해야 되거든요.

 그런데 땀으로 수분이 많이 빠져 나오면서 체액 속의 염분의 농도가 진해지게 되겠지요. 그래서 갈증을 느끼는 것이에요.

눈은 둘인데 물체는 왜 하나로 보일까?

상
광선의 반사 굴절로 인해 생기는 물체의 형상.

풀리는 궁금증

뇌로 인해 두 개의 상이 겹쳐지게 돼

사람의 눈은 두 개이기 때문에 좌우의 눈에는 따로따로 물체의 형상이 비치고 있어요. 그런데 왜 하나로 보일까요? 우선 하나의 물건을 주의해서 볼 때 양쪽 눈이 어떻게 보고 있는지 자세히 관찰해 봐요. 우리가 어떤 물체를 볼 때 물체의 상이 반드시 눈 한가운데 비치도록 눈이 움직이고 있는 것을 알 수 있어요? 그래서 오른쪽 눈에 비친 상과 왼쪽 눈에 비친 물체의 상은 거의 동일하다고 할 수 있어요. 두 개의 상이 신경을 통하여 뇌에 전달되면 뇌의 작용으로 두 개의 상이 겹쳐지게 되어 하나로 보이는 것이에요.

인체

병에 걸리면 왜 몸에 열이 날까?

병원균
병의 원인이 되는 세균. 병균.

풀리는 궁금증

병균을 이겨내기 위한 신체 활동

우리 몸은 36.5도라는 체온이 평균적으로 유지되고 있어요. 그런데 병에 걸리면 이보다 높은 열이 날 때가 많아요. 이것은 우리 몸이 병균에 대해 방어 역할을 하기 때문이에요. 체온이 높아지면 생리적 활동의 속도가 빨라져요. 그 결과 몸 속에 나쁜 물질이 빠른 속도로 몸 밖으로 버려지는 거죠.

그리고 혈액 속의 백혈구 수도 늘어나 나쁜 균에 대한 저항력이 강해지죠. 또 열에 약한 균에 대해서는 높은 열이 효과적인 공격 수단이 되는 거죠. 나쁜 균과 싸우기 위한 준비로 열이 나는 것이죠.

그러나 열이 지속되는 것은 좋지 않아요.

서양사람은 눈이 왜 파랄까?

홍채
눈알의 각막과 수정체 사이에서 동공을 둘러싸고 있는 둥근 막.
눈의 조리개 역할을 함.

풀리는 궁금증

우리 몸의 모든 색깔을 나타내는 멜라닌

동양인의 눈은 검은색과 갈색이 많은데 서양사람의 눈은 파란색이에요.

눈의 한가운데에 새까맣게 보이는 둥그런 부분이 동공이고 눈동자 둘레에 조그마한 주름진 막이 있는데, 이것을 홍채라고 해요.

눈이 파랗다거나 검은 것은 홍채 색에 따라 달라지며 동공은 누구나 검은색이에요.

홍채 색이 다르게 보이는 건 멜라닌 색소 때문이에요. 멜라닌 색소가 많이 들어 있으면 검게 보이고, 적게 들어 있으면 갈색이나 청색으로 보여요. 멜라닌 색소가 전혀 없는 토끼 눈은 빨갛게 보이지요.

인체

인종에 따라 피부색이 다른 이유는?

멜라닌 색소
동물의 몸 거죽에 있는 흑색 또는 흑갈색의 색소. 이것의 양에 따라 피부 및 모발의 색깔이 결정됨.

멜라닌 색소가 도대체 뭐라구요?

사람의 피부색은 인종에 따라 다르고, 그 때문에 백인종, 황인종, 흑인종과 같이 구별해요. 피부색의 차이는 주로 멜라닌 색소에 따라 결정되는 것이에요.

검정 또는, 황갈색 색소가 얼마나 많이 들어 있는가에 따라서죠. 피부는 바깥쪽에서부터 표피, 진피 및 피하조직의 세 부분으로 나뉘어져 있어요. 멜라닌 색소는 피부의 가장 아래층에 있는 세포 속의 알맹이 모양으로 알맹이가 많을수록 피부색이 짙어지는 거예요.

추울 때는 왜 입김이 하얗게 보일까?

냉각
차게 식음.

> 풀리는 궁금증

잔 물방울이 빛에 닿아

 겨울에 입김이 하얗게 보이는데, 마치 물이 끓고 있는 주전자에서 나오는 김처럼 보이죠. 우리가 숨쉬고 있는 공기는 수증기를 포함하고 있어요. 공기 속에 포함되어 있는 수증기의 양은, 온도가 높을수록 많고, 온도가 낮아지면 양이 적어져요.

 우리가 들이마신 공기는 몸 속에서 데워져 다시 내뿜을 때에는 보통 32~33도가 되어 많은 수증기를 함유하고 있어요. 추운 겨울에 입김을 밖으로 내뿜으면 기온이 낮아 갑자기 냉각되어 수증기는 잔 물방울이 되고 이것이 빛에 닿아서 흩어지면서 하얗게 보이는 것이에요.

> 인체

소변을 보고 나면 몸이 부르르 떨리는 이유는?

근육
몸의 연한 부분을 이루고 있는 심줄과 살. 내장·혈관·골격을 싸고 있으며, 능동적인 수축성을 특성으로 하는 동물 특유의 운동 기관.

풀리는 궁금증

체온을 보충하는 중

오줌을 누고 나면 자신도 모르는 사이에 몸을 약간 떨게 되지요? 이것은 따뜻한 체온이 순간적으로 몸 밖으로 빠져나가서 생기는 현상이에요.

이때 우리 몸은 스스로 몸에서 빠져나간 체온을 채우려는 운동을 하는데 몸이 떨리는 것은 체온을 보충하기 위한 몸의 움직임이에요.

수영을 하다 물에서 나왔을 때 몸이 떨리는 것도 체온을 우리 몸에 보충하기 위한 근육의 움직임이에요.

땀은 왜 나올까?

배설
생물체가 몸 안에 생긴 노폐물을 몸 밖으로 내보내는 일. 걸러내기. 배출.

풀리는 궁금증

열을 빨리 밖으로 내보내야 돼

인간의 몸은 산소가 타면서 열이 만들어지기 때문에 활동할 수 있어요.

노동을 했을 때 열이 많이 생기며, 더울 때는 기온에 의해 체온이 높아지므로, 그 열을 밖으로 내보내지 않으면 안 돼요.

필요 이상으로 몸에서 열이 나면 밖으로 내보내기 위해 땀이 나는데, 이 땀이 증발하면서 열을 빼앗아 가면 체온이 내려가게 되는 거예요. 이 밖에도 땀은 간장의 기능을 좋게 하여, 몸 속에 생긴 불필요한 것을 배출해 내는 역할도 하고 있어요.

인체

간은 어떤 일을 할까?

간에 붙었다 쓸개에 붙었다 한다
자기에게 미치는 이익에 따라 줏대없이 이 편에 붙었다 저 편에 붙었다 한다.

풀리는 궁금증

독을 분해시켜야 해

 간은 우리 몸에 있는 내장 가운데서 뇌 다음으로 큰일을 담당하고 있는 기관이에요. 간의 역할 가운데 가장 중요한 것은 담즙이라는 소화액을 만들어서 음식에 포함된 지방을 분해시켜 몸에서 흡수할 수 있도록 하는 거예요.

 또 몸 속에 들어온 독을 분해시키는 해독 작용을 해요. 담배의 니코틴이나 술의 알코올 성분이 몸으로 들어오면 간은 이것을 해롭지 않은 화합물로 바꿔 줘요. 우리 몸에 흐르는 혈액 양을 조절해 주는 일도 하지요. 또 혈액 속의 당분을 일정한 비율로 유지시키는 일도 한답니다.

머리카락은 얼마나 빨리 자랄까?

각질
동물의 몸을 보호하는 비늘·털·뿔·손톱·발톱·등딱지 등을 이루는 물질.

풀리는 궁금증

단단한 각질세포로 이루어져

머리카락은 피부의 가장 바깥 부분인 표피가 변해서 만들어진 것으로 단단한 각질세포로 이루어져 있어요. 사람의 몸에는 머리카락이 약 8~10만 개 정도, 그 이외의 털들을 모두 합하면 약 2만 개 정도가 난다고 합니다. 이 털들이 하루에 자라는 길이를 모두 합하면 대략 3m가 넘어요.

머리카락은 밤에는 거의 자라지 않고 아침이 되면서부터 길어지기 시작해요.

오전 10~11시 무렵에 가장 빠른 속도로 자라고 하루 평균 0.2~0.3mm정도씩 자란대요.

상처에 소독약을 바르면 왜 거품이 날까?

거품
액체 속에 공기가 들어가 둥글게 부푼 방울.

> 풀리는 궁금증

카탈라아제라는 효소 때문에

소독약을 상처에 바르면 거품이 나는 것을 보았지요? 하지만 맨살에 바르면 거품이 나지 않아요.

옥시돌은 과산화수소 3% 정도를 물에다 녹인 약품인데 온도가 올라가거나 햇빛을 쬐거나, 또는 알칼리를 더해 주면 물과 산소로 나뉘어져요. 이것을 상처에 바르면 피부 속에 들어 있는 카탈라아제라고 하는 효소의 작용에 의해 산소가 발생하여 거품이 나는 거예요.

이 산소에 소독 작용이 있는 것이죠.

손톱은 왜 잘라도 아프지 않을까?

케라틴
손톱·발톱·머리털 및 뿔 따위의 성분이 되는 단백질.

죽은 세포들이야

손톱은 깎아도 아프지 않죠? 왜 아프지 않을까요? 그 이유는 아주 간단해요. 손톱은 죽은 세포들로 이루어져 있기 때문이에요. 즉 손톱은 피부의 가장 바깥쪽인 표피가 변해서 만들어진 것이에요. 손톱은 주로 케라틴 성분으로 되어 있는데 이것은 뿔처럼 단단한 특징을 가지고 있어요.

손톱의 두께는 대략 0.5~0.7mm 정도인데 하루 동안 0.1mm 정도 자라고 있어요. 한 달이면 약 4mm, 1년이면 약 5cm정도 자라는데 사람에 따라 약간의 차이가 있어요.

밥을 먹고 나면 졸음이 오는 이유는?

졸음
잠이 오거나 자고 싶은 느낌.

뇌에 피가 모자라요

밥을 먹은 후, 가만히 앉아 있으면 졸음이 오는데 왜 그럴까요?

음식물이 위에 들어오면 위는 그것을 소화시키기 위해 열심히 운동을 하기 시작해요. 따라서 많은 양의 혈액이 위에 모이게 되죠. 혈액이 위로 모이면 다른 장소에 흐르던 혈액 양이 적어지게 되겠죠?

따라서 뇌에 흐르던 혈액도 보통보다 훨씬 줄기 때문에 뇌의 활동이 둔해지며, 결국 졸음이 마구마구 쏟아지는 것이에요.

밝은 곳에서 갑자기 어두운 곳으로 들어가면 왜 아무 것도 보이지 않을까?

시신경
시각을 맡아보는 신경. 60~80만 개의 신경 섬유로 되어 있음.

약간의 적응 시간이 필요해

우리 눈동자는 밝은 곳에서 갑자기 어두운 곳으로 들어가면 동공이 커지고 어두운 곳에서 밝은 곳으로 나오면 동공이 작아져요. 이것은 눈 속으로 들어가는 빛의 양을 조절하기 위해서예요.

시신경에는 빛을 느끼는 신경과 어두운 빛을 느끼는 신경이 있는데, 밝은 곳에서는 밝은 빛을 느끼는 신경이 일을 하고 어두운 빛을 느끼는 신경은 쉬게 돼죠. 갑자기 어두운 곳에 들어가면 지금까지 쉬고 있던 신경이 제대로 일을 시작하기 위해서 약간의 적응 시간이 필요해요. 그래서 잠시 동안 보이지 않는 현상이 생기는 거예요.

뱅뱅 돌다가 멈추면 왜 어지러울까?

세포
생물체를 구성하는 최소 단위로서의 원형질.

풀리는 궁금증

몸의 위치를 감지하는 세포 때문

 귀는 소리뿐 아니라 몸의 위치와 균형을 잡는데도 관여해요. 중이는 소리를 전달하고, 고막이 소리에 진동하면 30배쯤 소리를 크게 하여 속귀에 전달해요. 속귀 안에는 임파액이 가득 차 있고, 그 속에는 가는 털이 몸의 위치를 감지하는 세포에 붙어 있어요. 몸이 돌면 임파액이 움직여서 털을 누르고 몸의 위치를 감촉하는 세포는 몸이 돌고 있다는 것을 알게 되죠. 급하게 멈추면 털은 멈추지만 액체인 임파액은 관성에 따라 잠깐 동안 돌게 되죠. 그래서 임파액이 멈출 때까지 반대 방향으로 돌고 있는 것처럼 느껴지는 것이죠.

인체

대머리는 왜 남자에게만 있을까?

호르몬
내분비 작용으로 분비되는 물질.

남성 호르몬은 머리가 자라는 걸 싫어해

몸에는 여러 가지 호르몬이 있는데 머리카락에 영향을 주는 것은 성호르몬이에요. 성호르몬은 남자와 여자가 어릴 때는 별 차이가 없다가 성인이 되면 여자는 여성 호르몬이, 남성은 남성 호르몬의 분비가 증가해요. 남성 호르몬은 머리가 자라는 것을 방해하고, 여성 호르몬은 머리가 자라는 것을 돕는 작용을 하기 때문에 남성 호르몬이 많은 사람은 대머리가 되기 쉽다는 것이죠.

반면에 여성 호르몬이 많은 여성은 머리카락이 빨리 자란대요.

뇌에 주름이 많을수록 정말 지능이 높을까?

뇌
두개골에 싸여 있으며, 신경 세포가 모여 신경계의 중심을 이루고 있는 부분. 척수와 함께 중추 신경을 형성하며, 대뇌·소뇌·연수로 구분 됨.

뇌의 주름과 아무 관계가 없어

 사람의 뇌에는 많은 주름이 잡혀 있어요. 반면에 물고기나, 개구리, 쥐 같은 동물은 뇌에 주름이 거의 없다고 해요.

 그러나 고양이, 개, 원숭이 같은 동물의 뇌는 주름이 많아요. 또한 돌고래의 뇌는 인간의 뇌보다 주름이 더 많다고 해요.

 그렇다면 돌고래가 인간보다 지능이 높을까요? 그렇지는 않아요. 결국 뇌의 주름과 머리가 좋고 나쁨은 관계가 없다고 해요. 또한 사람의 뇌의 주름엔 개인차가 거의 없대요.

왼손보다 오른손잡이가 많은 이유는?

왼손잡이
왼손을 오른손보다 더 잘 쓰는 사람.

왼쪽 뇌가 발달해 있어

오른쪽 뇌는 우리 몸 왼쪽을 지배하고, 왼쪽 뇌는 오른쪽을 지배해요. 대부분 왼쪽 뇌가 오른쪽보다 발달해 있어 오른손잡이가 되는 거죠. 또 오른손잡이가 많아 사회 시설도 오른손잡이를 기준으로 되어 있어요. 왼쪽 뇌는 말하기, 읽기, 쓰기, 계산 등에 관계하고, 오른쪽 뇌는 문화적인 것, 즉 시각적인 감각, 예술, 추상적인 사고 등에 관계해요.

한쪽 뇌가 작용하고 있을 때 다른 쪽 뇌는 자동으로 활동을 중지하기 때문에, 동시에 두 가지 일을 생각하는 것은 거의 불가능하죠.

추울 때 왜 소름이 돋을까?

소름
춥거나 무섭거나 징그러울 때 살갗에 좁쌀같이 도톨도톨하게 돋아나는 것.

근육이 오므라들어

우리 체온은 여름이든 겨울이든 항상 36~37도를 유지하고 있어요.

덥다고 해서 크게 높아지거나 춥다고 해서 낮아지는 법은 없어요.

이것은 뇌의 체온중추라는 곳에서 체온을 알맞게 조절하고 있는 까닭이에요. 추울 때는 신경의 작용으로 털의 뿌리 부분에 있는 근육이 오므라들어요. 따라서 털은 끌어당겨져 일어서지만, 그 때문에 반대쪽의 피부가 눌려 높아지면서 마치 좁쌀 모양의 알맹이처럼 생기는데, 이것을 소름이라고 하는 거예요.

산소는 어디에서 올까?

산소
맛·냄새·빛깔이 없는 기체 원소. 대기 부피의 5분의 1, 물의 질량의 9분의 8, 지각의 질량의 2분의 1을 차지하며, 대부분의 원소와 잘 화합함.

풀리는 궁금증

식물의 광합성이 산소를 만들어

사람뿐만 아니라 동물들도 또한 공기 중의 산소를 호흡하며 살고 있어요. 산소는 우리들이 활동하고 살아가는데 없어서는 안 될 중요한 것이죠. 지구가 만들어지던 맨 처음에는 산소가 존재하지 않았어요.

그렇다면 산소는 어떻게 만들어지는 걸까요? 산소는 식물의 광합성 반응에 의해서 만들어져요.

식물은 잎을 통해 이산화탄소를 받아들여서 물과 반응하여 산소와 당, 전분 등을 만들어요. 따라서 우리가 숨쉬고 있는 산소는 식물에 의해 만들어진답니다.

인체

충치는 왜 생길까?

충치
이의 단단한 조직이 미생물에 침해되어 상한 이. 벌레 먹어 상한 이. 삭은니. 우치.

풀리는 궁금증

이를 잘 닦자

 사람이 죽으면 살은 썩어 없어져도 뼈는 남고, 뼈는 없어져도 이는 남는다고 합니다. 그만큼 이가 튼튼하다는 것이지요.

 충치의 원인에는 여러 가지가 있어요. 입 속 세균이 이의 표면에 남아 있는 음식 속의 탄수화물을 발효시켜 산을 만들어 내요. 산은 이의 표면에 있는 에나멜질에 침투해 단단한 이를 파괴시켜요.

 이것을 충치라고 해요. 충치에 걸리지 않으려면 무엇보다 **이를 잘 닦아야 하겠죠?**

인체

 148

피는 왜 빨간 색일까?

파충류
주로 땅 위에서 살며 피부는 각질의 비늘로 덮여 있음. 폐로 호흡을 하며 대부분 알로 태어남 . 거북·악어·뱀 등.

적혈구가 빨갛게 보여

사람의 피가 빨간 것은 피 속에 적혈구가 비쳐서 빨갛게 보이는 것이에요. 혈액을 현미경으로 보면 무색의 액체 속에는 노란색의 작은 알맹이가 있는데, 이것이 바로 적혈구예요. 그리고 이것보다 더 크고 조금은 푸른 색깔로 보이는 둥그런 알맹이는 백혈구예요.

적혈구가 빨갛게 보이는 것은 헤모글로빈을 함유하고 있기 때문이에요.

달팽이, 낙지, 새우, 거미, 전갈 등은 옅은 청색의 혈액을 가지고 있어 파충류라 불러요.

지문이 범죄 수사에 사용되는 이유는?

땀샘
피부의 진피나 결체 조직 안에 있는 땀을 분비하고 체온을 조절하는 외분비샘.

풀리는 궁금증

세상에 똑같은 지문이란 없어

손가락 끝을 자세히 살펴보면 아주 가는 물결 모양의 무늬가 빽빽하게 늘어서 있는 것을 볼 수 있어요. 이 가느다란 줄무늬들은 땀을 내는 땀샘의 입구들이 나란히 모여 만들어진 것이죠. 이것을 지문이라고 해요.

지문은 어떤 사람이든, 또 어떤 손가락이든 반드시 서로 틀리게 되어 있으며 평생 그 모양이 변하지 않아요. 그래서 범인을 잡을 때 많이 활용하고 있어요. 주민등록증에 반드시 엄지손가락의 지문을 찍게 돼 있는 것도 평생 지문이 변하지 않기 때문이며 본인임을 확실히 확인할 수 있기 때문이에요.

인체

추운 날은 왜 오줌이 자주 마려울까?

에너지
물리학에서, 물체가 가지고 있는 힘과 일을 할 수 있는 능력의 양.

풀리는 궁금증

오줌은 쓸모없는 찌꺼기

 사람은 음식물을 통해 영양분을 섭취 해요. 우리가 음식을 먹으면 거기에 들어 있는 영양분인 탄수화물, 지방, 단백질 등은 소화되어 우리 몸에서 쓸 수 있는 에너지가 되는 것이죠. 음식물이 에너지가 되는 동안 찌꺼기가 생기게 되는데 오줌은 쓸모 없는 찌꺼기 중의 하나에요. 날씨가 추우면 먹은 음식물은 평소보다 빠르게 에너지로 바뀌게 돼요. 왜냐하면 추위에 체온이 떨어지지 않도록 하기 위해 부지런히 에너지를 만들어야 하기 때문이에요.

 따라서 오줌의 양도 많아져 화장실에 자주 가게 되는 것이에요.

인체

색맹이란 어떤 것일까?

명암
밝음과 어둠. 그림이나 사진 등에서, 입체감을 느끼게 하는 색의 농담이나 강약. 농담 빛깔이나 맛 따위의 짙고 옅은 정도.

색을 볼 수가 없어

색을 느끼는 세포의 활동이 전적으로 없는 사람을 전색맹이라고 불러요. 색을 전혀 알 수 없으며, 그저 색의 명암이나 농담을 느낄 뿐이에요. 빨간색은 검게 보이고 그 밖의 색은 제각기 농도가 다른 회색으로 보이죠. 이런 사람은 이 세상이 오직 한 가지 색으로 보일 뿐만 아니라, 시력도 나쁘고 밝은 곳에 나가면 눈이 부셔 힘들어요. 색맹은 색깔을 전혀 볼 수 없는 것이 아니고, 색에 대한 느낌이 부족한 것을 말해요. 특히 빨강색과 초록색의 구별이 되지 않아 신호등을 구별할 수 없어요. 운전을 하면 많이 위험하겠죠.

152

상처가 곪는 이유는?

감염
병균이 몸에 옮음.

백혈구들 죽다

 피부에 생긴 상처가 심해지면 고름이 나오는데 포도상구균이라는 세균이 침입했다는 증거예요.

 상처에 세균이 감염되면 몸 속에 있던 백혈구들이 세균과 싸우기 위해 모여들어요.

 상처 부위로 모여든 백혈구들은 곧바로 세균을 제거하는 싸움을 하다 맹렬하게 죽게 되죠. 세균과 싸우다 죽은 백혈구들이 모여 있는 것이 누런 고름이에요. 이 고름이야말로 백혈구와 세균의 전쟁의 흔적이라고 할 수 있어요.

머리카락은 왜 희어질까?

혈액순환
심장의 활동에 따라, 혈액이 동물의 몸속을 일정한 방향으로 흘러서 도는 일.

풀리는 궁금증

하룻밤 사이에 머리가 하얗게 세어

사람마다 약간씩 차이는 있겠지만, 우리의 머리카락 색은 대부분 검정색이에요. 그러나 연세가 드신 어른이나 혹은 젊은 사람도 드문드문 흰 머리카락이 많은 사람을 볼 수 있어요. 왜 검정머리에서 하얀 머리로 변하는 것일까요? 나이가 들면서 머리가 희어지거나, 또 건강이 좋지 않을 때, 혹은 정신적인 충격으로 인해 갑자기 피부의 혈액순환이 악화될 경우, 돌연 백발이 되거나 대머리가 될 수도 있어요. 프랑스의 마리 앙투아네트 왕비는 혁명 재판에서 사형선고를 받자 하룻밤 사이에 머리가 하얗게 세어 버렸답니다.

피가 우리 몸을 도는 까닭은?

노폐물
신진대사의 결과로 생물의 몸 안에 생긴 불필요한 찌꺼기.

피가 돌기 때문에 살아 있어

우리 몸에는 수많은 혈관이 퍼져 있어요. 심장은 피를 온몸의 혈관으로 보내는 일을 하고 있어요.

우리 몸에 피가 돌지 않으면 살아갈 수 없어요. 폐로 들어온 산소와 장에서 흡수한 영양분을 몸의 여러 조직으로 보내기 위해 꼭 필요한 활동이거든요. 그리고 몸의 여러 조직에서 나오는 이산화탄소와 노폐물을 운반해요. 이렇게 우리 몸을 돌고 있는 피는 공급과 청소를 위한 운반을 하고 있어요. 피가 우리 몸에 돌지 않는다면 우리 몸은 모든 기능을 잃고 말 것이에요. 즉 목숨을 잃게 되는 것이죠.

머리카락 수는 모두 몇 개나 될까?

모근
살갗 안에 박힌, 털의 뿌리 부분.

일, 십, 백, 천, 십만 개씩이나?

사람의 머리카락 수는 보통 10만 개 정도예요. 많게는 14만 개, 적게는 8만 개이죠. 머리카락은 2~6년에 걸쳐 새로 나게 되는데 굵기도 각각 달라요.

머리털들은 매일 0.3~0.5mm 정도씩 자라게 되는데 청년기에 절정을 이루며 65세 이상이 되면 자라는 속도가 훨씬 느려지게 되죠. 머리카락을 물에 적시면 1.5배나 빨리 자란다고 해요.

머리카락은 하루에 50~60개 정도 빠진다고 해요. 머리가 빠진 자리의 모근은 석달 정도 활동을 중지한 후 다시 머리카락이 자라나게 되는 거예요.

피는 나오다가 왜 곧 굳어질까?

섬유소
식물성 섬유의 주된 성분을 이루는 하얀 탄수화물.

풀리는 궁금증

섬유소가 생기면서 피가 굳어져

피부에 상처가 나서 피가 나올 때, 몸 밖으로 나온 피는 곧 굳어지는 것을 볼 수 있어요.

피가 공기에 닿아 굳어지는 것으로 생각할 수 있지만 사실 공기와는 아무런 관계가 없답니다. 굳어진 피에서는 하얀색 덩어리가 나오는데 이것이 섬유소예요.

피가 우리 몸 속에서 흐르고 있을 때 없던 섬유소가 밖으로 나오면서 섬유소로 변해요. 혈액이 몸 밖으로 나올 때 혈소판과 조직이 파괴되는 동시에 섬유소가 생기면서 혈액이 굳어지는 것이랍니다.

인체

157

눈은 왜 깜빡일까?

연수
뇌수의 아래끝에 있으며 척수의 위끝으로 이어지는 부분. 생명에 직접 관계되는 폐·심장·혈관 등의 운동을 지배하고 있음.

풀리는 궁금증

뇌 속 연수의 명령을 받아서

몸을 움직이거나, 운동을 하려고 생각하면 언제라도 자유자재로 할 수 있어요. 그런데 인간의 몸 속에는 하려고 생각하지 않는 일이 태어날 때부터 저절로 일어나고 있는 일이 많아요. 이를테면 심장은 죽을 때까지 뛰지만 누구도 심장을 움직이려고 생각해서 움직이는 사람은 없어요. 호흡도 심장과 마찬가지로 저절로 이루어지고 있는 운동이죠. 이것은 뇌 속의 연수라는 곳의 명령으로 이루어져요.

눈의 깜박거림도 연수에서 일정한 사이를 두고 명령을 내리고 있는 거예요.

인체

사람의 골 속에는 몇 개의 신경 세포가 있을까?

신경 세포
신경 조직을 이루는 세포. 축색 돌기와 수상 돌기의 두 가지가 있음.

풀리는 궁금증

우리 머리는 신경 세포로 가득 차 있어

사람의 골은 큰골, 작은골, 연수로 구분되어 있어요. 이 골을 이루는 세포를 가리켜 신경 세포(뉴런)라고 해요. 신경 세포의 수는 1백 40억~1백 50억 개나 되는데 우리 머리는 온통 신경세포로 꽉 짜여져 있다고 볼 수 있어요.

우리 몸의 신경세포는 자라면서 그 수가 점점 늘어나는 것이 아니라 태어나면서부터 있던 세포가 죽을 때까지 가는 것이에요.

이 신경 세포는 한번 다치거나 파괴되면 다시는 살아나지 않아요.

그러니 뇌를 다치지 않도록 항상 조심해야 해요.

모기에게 물리면 왜 가려울까?

히스타민
동식물 조직에 있는 아민(amine)의 한 가지. 알레르기 반응과 관계가 있으며, 혈압 강하·위액 분비 항진 따위의 작용을 함.

히스타민 주머니가 팡팡!

 모기에 물리고 나면 정말 가렵죠? 이것은 모기가 우리 몸에 침을 꽂아 피를 빨 때 모기의 타액이 살 속으로 들어갔기 때문이에요. 모기의 침이 독의 구실을 하는 것이죠.

 피를 빨 때는 바늘처럼 생긴 침을 살갗에 주사해요. 이 침에 묻어온 모기의 타액은 사람의 피가 뭉치는 것을 막아주는 역할을 하는데 이 물질이 물린 자리를 가렵게 하는 것이죠. 가려움을 멎게 해 주는 약은 히스타민 작용을 억제하는 약이에요. 모기에 물려 계속 긁으면 더 가려운 것은, 긁을 때 히스타민이 든 주머니들이 터지면서 히스타민이 쏟아져 나오기 때문이에요.

160

마취를 하면 왜 아프지 않을까?

마취
수술 등을 할 때 약물 등을 써서 생물체의 전신이나 국소의 감각을 일시적으로 마비시키는 일.

풀리는 궁금증

신경을 멈추게 함

치과에 가서 이를 뺄 때 마취를 하지 않고 뺀다면 어떻게 될까요? 너무 아파서 기절할지도 몰라요. 여러 가지 병원 시술에 마취를 이용하고 있는데 마취 주사의 어떤 작용이 아픈 것을 느끼지 못하게 할까요?

통증은 신경을 통해서 뇌로 전달되는데, 이 신경을 화학적으로 멈추게 해서 뇌로 통증의 신호를 보내지 못하게 하는 것이 마취 주사예요.

신경이 잠시 동안 활동을 못하게 하는 것이죠.

단 음식을 많이 먹으면 왜 눈이 나빠질까?

비타민
영양소의 한 가지. 동물의 성장에 꼭 필요한 유기 화합물이며, 체내에서는 합성되지 아니함. 비타민 A·B·C 등 여러 가지가 있음.

설탕은 나의 적

단 음식을 많이 먹으면 이가 썩는다거나 살이 쪄서 뚱보가 되기도 하지만 눈도 많이 나빠진다는 걸 알아야 해요.

설탕을 많이 먹으면 시력 보호에 필요한 비타민 B가 많이 소비돼요. 그러다 보니 당연히 비타민 부족으로 눈이 나빠지게 되겠죠.

선천적으로 시력이 좋지 않을 경우와 텔레비전을 시청하는 자세가 나쁘다거나 밝기가 적절하지 못한 곳에서의 독서 등으로도 눈이 나빠지지만 단음식을 많이 먹어도 나빠진다는 사실, 잊지 말도록 해요.

음식을 먹은 후 금방 달리면 왜 배가 아플까?

위
내장의 식도와 장 사이에 있는 주머니 모양의 소화 기관. 밥통. 위부. 위장.

풀리는 궁금증

위를 자극하면 안 돼!

배가 비었을 때 음식이 들어가 쌓이게 되면, 위가 늘어나 명치 부분에서부터 배꼽 부근까지 부풀어 오르게 돼요. 이때 뛴다든지 심하게 움직이면 금방 먹은 음식이 흔들려 위의 안쪽 벽에 부딪치면서 위벽이 늘어나거나 줄어들어요. 이때 위벽 안에 있던 신경이 잡아당겨져 통증이 오는 것이에요.

음식을 먹은 후 금방 뛰게 되면 배가 아픈 것 외에도 소화장애를 일으키는데 먹자마자 뛰어서 위가 흔들려 소화되기 전의 음식이 장으로 흘러 들어가서 그렇지요.

의사 선생님은 왜 맥박을 잴까요?

맥박
심장의 박동에 따라 일어나는 동맥벽의 주기적인 파동. 맥.

건강 상태를 알아보기 위해

맥박은 우리 몸의 심장 상태가 어떤가를 알려주는 기능을 해요. 맥박은 심장이 한 번 펌프질할 때마다 한 번씩 뛰어요.

그래서 의사들은 맥박을 재서 심장이 튼튼하게 잘 뛰고 있는가 아닌가를 진단해요.

맥박을 쟀을 때 느리거나 약하게 뛴다면 몸에 기운이 약하다는 의미예요.

건강한 사람의 맥박을 재어 보면 보통 일분에 75번 정도 뛴다고 해요. 어린아이들은 심장 박동수는 어른보다 훨씬 더 빨리 뛴다고 하네요.

감기는 왜 면역성이 안 생길까?

감기
몸이 오슬오슬 추워지며 열이 나고, 기침 또는 콧물이 나는, '호흡기 계통의 염증성 질환'을 통틀어 이르는 말. 고뿔. 감모. 감수.

다른 성질의 감기 바이러스 때문

수두나 홍역은 한 번 앓고 나면 몸 속에 항체가 만들어져 면역성이 생겨 다시는 걸리지 않아요. 감기도 마찬가지예요. 특정한 감기에 걸리면 특정한 감기의 항체가 생겨 면역이 생겨요. 그런데 왜 감기는 자꾸 걸릴까요?

감기도 한번 걸렸던 특정한 종류의 감기 바이러스에 대해선 두 번 다시 감염되지 않아요. 감기가 자꾸 걸리는 것은 알고 보면 각각 다른 성질의 감기 바이러스 때문이에요. 이 바이러스 종류는 지금까지 밝혀진 것만 해도 200종류가 넘어요.

165

어린아이의 뼈와 어른의 뼈 수가 다르는 데 정말일까?

뼈 빠지게
뼈가 빠질 정도로 '고통이 사무치거나 일이 힘에 겨움'을 비유하여 이르는 말.

풀리는 궁금증

뼈는 어디로 사라졌을까

어린아이와 어른의 뼈의 수가 다르다면 아마도 어른의 뼈가 많을 것이란 생각이 들지요? 우리가 생각했던 거와 달리 뼈는 어른보다 어린이가 많아요. 7세 이하의 어린이 뼈는 300개인데 어른의 뼈는 206개로 94개나 적다고 합니다.

그럼 94개의 뼈는 어디로 사라진 걸까요? 뼈는 아이의 몸이 성장하면서 2~3개의 뼈가 하나로 뭉쳐지는 것들이 있어서 성장이 다 되고 나면 206개가 되는 것이래요.

인체

예방주사를 맞은 날에는 왜 목욕하면 안 될까?

예방주사
어떤 병에 대하여 미리 면역체를 만들어 주기 위해 맞는 주사.

풀리는 궁금증

예방한 병의 증상을 체험하고 있어

예방주사를 맞은 후에는 가볍게 병을 앓는다고 생각하면 좋아요. 주사를 맞아 약효가 퍼지면 열도 조금 나고 예방한 병의 증상을 조금씩 느끼게 돼요.

인플루엔자(유행성 감기) 백신을 맞았다면 감기에 걸린 것 같은 증상이 나타나요. 이때 목욕을 하면 피로가 몰려서 아플 수도 있어요. 또 주사를 맞은 자리는 눈에 보이지 않지만 작은 상처가 남아 있거든요. 이곳을 긁거나 수건으로 문지르거나 하면 상처에 세균이 들어갈 염려가 있어요. 그러므로 주사 맞은 날은 심한 운동이나 목욕은 안하는 것이 좋아요.

인체

녹음된 목소리는 왜 다르게 들릴까?

녹음
소리를 재생할 수 있도록 기계로 기록하는 일.

풀리는 궁금증

녹음해서 듣는 목소리가 진짜 내 목소리

 귀를 막고 이를 딱딱 부딪혀 봐요. 귀를 막았는데도 소리가 들리죠? 이 소리를 골전도라고 해요. 목소리가 입 밖으로 흘러나와서 귀로 들어가는 게 아니라 우리 몸 속의 뼈를 타고 바로 귀로 들어가는 것이죠. 목소리도 마찬가지예요. 녹음기에 녹음해서 들리는 소리가 남들이 듣는 자기 목소리예요.

 자기가 자기 목소리를 들을 때는, 입 밖으로 나온 목소리가 귀를 통해서 듣는 골전도 소리와 합쳐져 들려요.

 그래서 자신의 목소리를 녹음해서 들어 보면 자신이 알고 있는 목소리와 다르게 들리는 것이죠.

인체

머리를 세게 부딪힐 때 반짝이는 별은 어떤 별일까?

망막
안구의 가장 안쪽에 있는, 시신경이 분포되어 있는 막. 그물막.

시신경에 의한 착각

머리를 세게 부딪힐 때 반짝 별이 빛나는 경험을 해본 적이 있을 거예요. 이것은 실제로 눈에서 뇌까지 연결된 시신경에 의한 착각이에요. 머리를 세게 부딪히면 시신경을 자극하게 되고, 그 부딪힘은 빛의 파열로 뇌까지 자극을 전달하게 돼요. 이 빛의 파열을 보고 별이 보인다고 말하는 것이죠.

우리가 사물을 볼 수 있는 것은 사물에서 반사된 빛, 혹은 별처럼 스스로 내는 빛들이 우리 눈동자로 들어와 수정체를 통해 굴절되어 필름 역할을 하는 망막에 상이 맺히기 때문이죠.

공포 영화를 보면 실제로 체온이 내려가나?

체온
생물체가 가지고 있는 몸의 온도.

외부 감각에 대한 방어기제 때문

공포 영화를 보거나 무서운 이야기를 들으면 등골이 오싹해지면서 으스스한 느낌이 들지요? 이것은 외부감각에 대한 뇌의 자연적인 방어기제 때문이에요. 인간이 눈, 귀 등의 기관을 통해 감지하는 각종 자극은 바로 뇌로 전달되거든요. 그래서 본능적인 기능과 자율신경계를 조절하는 교감 신경이 자극을 받게 돼요. 이런 자극으로 심장 박동이 빨라지고 털이 곤두서며 동공이 커지는 것이죠. 또 혈관이 수축되면서 손발이 차가워지고 식은땀이 나죠. 땀이 난 후 땀이 증발하면서 체온을 낮추기 때문에 서늘함을 느끼는 것이에요.

가위에 눌리는 이유는 뭘까?

가위 눌림
잠을 자다가(잠결에) 무서운 꿈에 질려서 몸이 마음대로 움직여지지 않고 답답한 상태.

가슴이 답답하고 무서워요

'가위'는 자는 사람을 놀라게 하는 귀신을 말해요.

알 수 없는 물체가 목을 압박해 가슴이 답답해지거나 정신은 멀쩡한데 일어나려고 애를 써도 몸이 좀처럼 움직여지지 않아요. 더 이상 견디기 어렵다고 느낄 때 간신히 잠에서 깨어나죠. 이런 상태를 가위에 눌렸다고 해요. 정말 잠 귀신이 와서 괴롭게 했을까요? 흥미롭게도 가위에 눌린 증상은 렘수면기에 나타나는 증상과 유사하다고 해요. 렘수면은 의식이 깨어 있으며 꿈을 활발하게 꾼다고 해요. 그래서 정신은 말짱하고, 악몽에 시달려도 몸을 움직일 수 없어요.

A형 B형 AB형 O형 알파벳의 뜻은?

수혈
피가 모자란 환자의 혈관에, 건강한 사람의 피를 주입함.

아무 피나 수혈받으면 죽을 수도

 칼 랜드스테이너 박사는 적혈구 표면에서 서로 다른 항원 단백질을 발견하고 A형, B형이라고 그냥 이름 붙였어요.

 A형을 B형에 넣으면 A형을 모조리 없애버렸어요. B형도 마찬가지였죠. 그런데 A형과 B형을 넣어도 살아있는 피를 살펴보니 A단백질도 있고 B단백질도 있었어요. 그래서 이 혈액형 이름이 AB형이 되었어요.

 그런데 A도 B도 갖고 있지 않은 피가 나타났어요. 이 피는 A나, B를 주면 모두 죽어버리고, 반대로 이 피를 A나 B, AB에게 주었더니 멀쩡했어요. 그 혈액형이 바로 O형이에요.

산 위에 올라갔다 오면 왜 기분이 좋아질까?

적혈구
혈구의 한 가지. 골수에서 생산되며 산소를 운반하는 헤모글로빈이 있음. 혈색소인 헤모글로빈 때문에 붉게 보임.

적혈구가 점점 불어나

높은 산으로 올라갈수록 산소는 점점 작아져요. 그러다 보니 혈액 속에 섭취되는 산소가 충분하지 않아서 처음에는 약간 어지럼증을 느끼게 되는 거예요. 그러나 공기가 적은 곳에서는 혈액 속의 적혈구가 점점 불어나기 때문에 점차 시간이 흐르면 곧 기분이 좋아지는 거죠. 산에 있다 평지에 내려와도 증가된 적혈구는 갑자기 줄어들지 않아요.

등산 후 기분이 좋고 활력이 넘치는 것은 적혈구의 증가 때문이에요.

173

꿈은 왜 꿀까?

꿈보다 해몽이 좋다
사실은 그렇지 못하나 해석이 그럴싸하다는 말.

풀리는 궁금증

우리 뇌는 잠잘 때도 움직이고 있어

사람의 뇌는 잠잘 때에도 완전히 쉬고 있는 것이 아니에요. 우리가 잠을 자지 않을 때도 공상을 하거나 상상을 하기도 합니다. 꿈이란 공상이나 상상과 거의 같은 현상이 잠잘 때 뇌에서 일어나고 있는 것이라고 생각하면 돼요. 사람은 깊은 잠과 얕은 잠을 번갈아 가며 자는데 깊은 잠에서 얕은 잠으로 이동할 때 눈동자가 빠르게 움직이는 상태, 즉 렘수면이 되는데, 꿈을 꾸는 것은 주로 이때라고 해요.

인체

174

방귀를 참고 참으면 어떻게 될까?

방귀
장에서 생겨 항문으로 나오는 구린내가 나는 기체.

풀리는 궁금증

어떤 형태로든 배출해야만 직성이 풀려

 사람들은 하루에 13번 정도 방귀를 뀐다고 해요. 방귀는 우리가 삼킨 공기와 장에서 생겨난 가스 그리고 대장 속에서 생기는 질소, 산소, 이산화탄소, 수소, 메탄 가스 등이에요. 대장 속에는 여러 가지 세균이 있는데, 방귀는 이 세균들이 소장에서 흡수되지 않은 음식물을 분해하면서 만들어내는 것이에요. 방귀 냄새가 고약한 것은 이 가스 중에 수소나 메탄이 음식물 속의 유황과 결합해 암모니아 성분이 많은 기체를 만들기 때문이죠. 참은 방귀는 오줌으로 배출 되든지, 피에서 기체로 변해 숨을 쉴 때 나오고, 나머지는 대변으로 나와요.

인체

기절은 왜 할까?

기절
잠깐 정신을 잃음.

풀리는 궁금증

산소가 부족해 뇌가 멈췄어!

사람은 너무 흥분을 하거나 충격을 받으면 숨이 가빠지게 되는데 이로 인해 피 속에 산소가 갑자기 늘어나게 돼요. 그러면 뇌의 신경은 산소가 갑자기 많이 들어오는 것으로 여기고 혈관을 오므리게 되죠. 이렇게 뇌의 신경이 판단을 잘못해 혈관을 오므리면 몸은 순간적으로 산소가 부족해져 뇌의 활동 중 일부가 멈추는 것이죠.

이 상태가 바로 기절이에요. 즉 사람들이 기절을 하는 이유는 뇌에 공급되는 산소가 일시적으로 부족해지기 때문이에요.

인체

176

사람은 왜 죽을까?

둔화
둔하게 됨. 무디어짐.

> 풀리는 궁금증

세포 활동 정지

사람이라면 누구나 오래 살고 싶은 욕심이 있어요. 갑자기 사고를 당해 죽기도 하지만 대부분 늙어서 죽게 돼요. 사람 몸을 이루는 세포는 나이가 들면서 그 활동이 둔해지는데 기관의 모양이 변하거나 동작이 약해지기도 하죠. 음식을 소화시키고 피를 돌게 하는 활동이 모두 약해져서 마침내는 몸의 활동이 멈춰 버리는 것, 이것이 바로 죽음이에요.

즉, 사람은 나이가 들면 몸을 이루고 있는 **세포의 활동이 둔화되거나 정지하게 되어 마침내 죽는** 것이죠.

인체

맛있는 음식을 보면 왜 침이 나올까?

침
입 안에 고이는 끈끈한 액체. 입 안의 침샘에서 분비되는 소화액의 한 가지임.

풀리는 궁금증

음식물이 입 안에 들어오면 침이 한가득

피자, 햄버거, 불고기, 떡볶이, 우리가 좋아하는 음식을 상상만 해도 입안에 군침이 가득 돌지요? 침은 침샘이라는 곳에서 나오는데, 음식물이 입 안에 들어오면 침샘에서 저절로 침이 나와요. 즉 상상만 해도 침이 나오는 것은 음식물이 입에 들어오면 침을 만들어 내는 일을 계속하다 보니 음식물만 떠올려도 뇌에서 침을 내라는 명령을 내리기 때문이에요. 이런 반응은 러시아의 파블로프라는 생리학자가 발견했어요. 파블로프는 개의 위장을 연구하면서 먹이를 줄 때 항상 종소리를 들려주었어요. 나중에는 종소리만 들어도 개는 침을 흘렸다고 해요.

인체

178

배꼽은 왜 있을까?

탯줄
태아의 배꼽과 태반을 잇고 있는 줄. 동맥과 정맥이 있으며 태아에게 영양을 공급함.

탯줄이 달려 있던 흔적

뱃속의 아기는 음식물을 직접 먹지 않아요.

대신 엄마로부터 탯줄을 통해 영양분을 받아 먹어요. 탯줄은 엄마의 몸에서 나와 아기의 배 부분에 연결되어 있거든요. 즉, 아기들은 이 탯줄을 통해 모든 영양분을 엄마와 나눠먹는 거예요. 하지만 아기가 엄마 몸 밖으로 나오면 더 이상 탯줄은 필요가 없어지죠. 그래서 아기가 태어나면 제일 먼저 탯줄을 자르는 거예요. 배꼽은 엄마와 아기를 연결해 주던 흔적이에요.

179

어릴 때는 왜 이가 흔들리고 빠지는 걸까?

뻐드렁니
바깥쪽으로 뻐드러진 앞니.

튼튼한 이를 갖기 위해 이를 빼야 돼

사람은 태어난 뒤 6~8개월이 되면 이가 자라나기 시작해요. 이것을 젖니라고 불러요. 젖니는 2~3세 경에 20개가 모두 나요. 하지만 6세 이후에는 젖니가 차례로 빠졌다가 새로 나서 죽을 때까지 쓰게 됩니다.

이렇게 새로 나는 이를 간니, 혹은 영구치라고 해요. 흔들리는 이를 빼기 무서워 싫다고 그냥 놔두면 뻐드렁니가 되지요. 이를 제때에 빼지 않아 들쭉날쭉 뻐드렁니가 된다면 보기 흉하겠죠?